本书为以下项目成果：

深圳市哲学社会科学规划课题

"深圳老有颐养评价模式构建与老有颐养发展战略研究"（SZ2022B024）

广东省教育厅青年创新人才项目

"深圳老有颐养系统绩效评价及其激励机制询证研究"（6021210055S）

深圳职业技术大学科研启动项目

"老有颐养评价模型构建及综合评价实证研究"（6022312024S）

城市社区养老服务
资源优化配置

STUDY ON OPTIMIZING THE ALLOCATION OF
ELDERLY CARE RESOURCES IN URBAN COMMUNITIES

倪赤丹 / 著

社会科学文献出版社
SOCIAL SCIENCES ACADEMIC PRESS (CHINA)

序

养老服务体系建设无论是在学界还是在政府都是一个重要的话题。学界展开广泛的研究，提出许多对策和建议；政府做出迅速的反应，出台一系列的政策文件；民众表达普遍的诉求，发出各种各样的需求呼声。然而，对于中国究竟应该怎样应对人口老龄化，究竟应该建立怎样的社会养老服务体系，究竟应该实施怎样的养老服务机制，学界并没有做出系统研究。政府不可能仅靠政策文件就可以解决问题，于是，社会诉求和呼声、焦虑和期盼就更加强烈。

现代社会对老年问题的认识大体经过了这样几个阶段。一是老年贫困问题成为社会问题的阶段。老年导致的收入中断可能引发贫困，直接促成养老保险制度的建立和发展。二是养老服务成为重要社会问题的阶段。养老金制度解决了老年贫困问题，医疗保险制度提高了人口的寿命，人口老龄化使得养老服务成为重要的社会问题。三是养老问题成为新社会风险的阶段。人口老龄化使得仅以应对老年贫困为主要目标的养老金制度受到挑战，也使得以满足老年人基本生活需求的养老服务变成更具社会性、普遍性和紧迫性的问题。

养老金只是提供养老的物质条件即养老资源，而老年人基本生活需求的满足，则需要通过提供养老服务，使养老金等所提供的资源功能化。简单地说：米是资源，米饭是米的功能化。老年人基本生活保障不能没有米，但满足老年人需求的是米饭。从米变成米饭，是通过服务实现的。养老服务使养老资源功能化，养老服务才是实现养老保障的直接手段，也是实现养老保障制度最终目标的根本保障。[①] 良好的养老服务体系使得有限的养老资源功能最大化，即所谓的"事半功倍"；不健全的养老服务体系导致大量的甚至本已有限的养老资源浪费，即所谓的"事倍功半"。从这个意义上说，服务又是通过资源配置实现资源功能最大化的过程，有效的养老服务离不开合理的养老服务资源配置。

道理很清楚，做起来却很难。虽然养老服务在应对人口老龄化、实现养老保障制度的目标中具有如此重要的地位和作用，但是，我们并没有对养老服务的重要地位与基本功能予以重视，尤其是对养老服务体系的学理与机制问题缺乏系统的研究和揭示、建构和落实。笔者曾提出，养老保障体系既包括养老保障制度，也包括养老服务体系。养老保障制度与服务的实际效果取决于养老资源的配置力，这种配置力受到老年人自理状况所决定的需求力，收入状况所决定的承受力，满足状况所决定的获得力的影响。应整合现行养老保障制度与服务体系，准确把握和合理满足需求力，增强承受力，强化资源配置力，提升老年人的获得力。[②] 文章拙陋，用意在于：养老保障体系需要基于学理思考的机制建构。

令人欣喜的是，最近几年，一些学者不仅对养老保障体系进行了比较透彻的学理研究和分析，还进行了非常有价值的社会调查和专题研究，甚至直接从事养老保障体系建设的实际工作。这些同人将所学、所思、所著与所行有机结合起来，取得很多有价值的成果。倪赤丹所著的《城市社区养老服务资源优化配置》一书，即这些有价值的代表性成果之一。

该书以深圳社区养老服务资源配置经验为研究基础，系统全面论述了新型城市社区养老服务资源配置问题，得出优化社区养老服务资源配置是破解大城市养老难题的重要突破口、社区养老服务是破解城市养老服务难题的重要选择、社区养老服务体系建设关键在于优化社区养老服务资源配置等鲜明

---

① 参见丁建定《西方社会政策体系发展的学理反思及其启示》，《学海》2024年第1期。
② 参见丁建定《论中国养老保障制度与服务整合——基于"四力协调"的分析框架》，《西北大学学报》（哲学社会科学版）2019年第2期。

而中肯的结论，是一部研究和探讨我国养老服务资源配置，特别是新型城市社区养老服务资源配置的高质量学术研究成果。

倪赤丹曾在我的指导下攻读博士学位，也曾长期从事健康养老和社会服务实际工作，该书即其在博士学位论文基础上加以完善和提升而形成的成果。相信该成果会对推动我国养老服务体系研究，尤其是养老服务资源配置研究产生积极影响。也有理由相信，他会在未来的养老服务研究及事业中取得更好的成果。

丁建定

2024 年 4 月 10 日

目　录

第一章

绪　论

第一节　问题的提出

一　研究背景

积极应对人口老龄化上升为国家战略要求高效配置社区养老服务资源。人口老龄化是21世纪全球人口发展面临的共同话题（Hu et al.，2020；Fitzgerald，1991）。2000年，我国65岁及以上老年人口占比达到7.0%，正式进入老龄化国家行列。过去20年，我国老龄化脚步显著加快，第七次全国人口普查数据显示，我国60岁及以上人口达到2.64亿人，占总人口比例从第六次全国人口普查的13.26%攀升到18.70%；65岁及以上人口达到1.90亿人，占总人口比例从8.87%上升至13.50%。未来30年，我国人口老龄化程度将进一步加深。据相关预测，中国老年人口规模将于2035年达到4.12亿人，占总人口的比例将达到29.50%；2050年达到4.80亿人，占总人口的比例将达到37.8%（杜鹏、李龙，2021）。

人口老龄化成为中国在新时代所面临的最突出的发展现实之一（Dong and Ding，2009），加之人口老龄化问题与经济转轨、社会转型、现代化发展、城市化进程交织，衍生出诸多社会、经济、文化、心理和精神等方面的风险。如何应对人口老龄化挑战，将在一定程度上影响第二个百年奋斗目标的实现。

党的十八大以来，以习近平同志为核心的党中央对老龄工作进行了一系列战略性和前瞻性布局，为我国新时代老龄工作指明了方向、提出了新思路。2016年2月，习近平总书记提出，"有效应对我国人口老龄化，事关国家发展全局，事关亿万百姓福祉"。[①] 2020年10月，党的十九届五中全会提出，实施积极应对人口老龄化国家战略。2021年，《中华人民共和国国民经济和社会发展第十四个五年规划和2035年远景目标纲要》对积极应对人口老龄化国家战略进行了具体部署，明确了未来五年的路线图。积极应对人口老龄化上升为国家战略，老龄工作成为党和国家的中心工作之一。

实施积极应对人口老龄化国家战略要求加强养老服务资源配置，尤其是在老年人口规模急剧扩大、需求日益多元、社会抚养比日益提高的背景下，要通过加强政策建设、完善设施布局、丰富服务供给、加强人才培养、营造敬老环境等，将有限的养老服务资源进行精准、高效配置，从而将老龄化危机转化为银发经济机遇，促进经济社会协调可持续发展（Feng et al.，2020）。

广大老年群众日益增长的美好老年生活需求要求丰富社区养老服务资源供给。随着社会经济的不断发展、人民生活水平的不断提升，新时期步入老年阶段的"新老年人"发生了系列变化，他们的平均寿命更长、受教育水平更高，在基础的吃饱穿暖物质需求已得到满足的基础上，产生更高层次、更多元化的需求，老年人养老服务需求不断转型升级。从物质生活层面来讲，随着可支配收入不断提升，老年人逐渐开始追求高品质的生活服务；从精神层面来讲，高品位成为老年人精神需求的核心特征；从社会生活层面来讲，全面参与成为新时代老年人社会生活的核心诉求。现阶段，我国老年人群体的需求已从传统的基本生存需求转向高品质、差异化和个性化的需求。基于马斯洛需求层次理论，在基本生存需求被满足的基础上，我国老年群体的需求层次将不断提升，追求精神慰藉、社会参与和权益保障成为新时代老年人的主要诉求。

老年群体的照护需求也在发生变化。北京大学老龄人口研究数据显示，2020年，我国失能老年人口达到5271万人，预计到2030年，失能老年人口在总失能人口中的占比将超过57%。[②] 人口老龄化、失能化，加之家庭照护功能

---

① 《习近平：加强顶层设计　完善大政策制度　及时科学综合应对人口老龄化》，https://m.cnr.cn/news/20160223/t20160223_521446813.html，最后访问日期：2024年3月29日。
② 《北京大学：2030年我国失能老人将超7765万》，https://view.inews.qq.com/a/20211104A0025Z00，最后访问日期：2023年11月12日。

弱化等趋势衍生出对养老服务的巨大需求，同时也对老年人基本生活服务的有效供给提出更大挑战（Roberts et al.，2020）。此外，不同老年群体的差异性养老需求迫切需要更加适老、有针对性的养老服务供给。新时代，健康、价值、尊严将贯穿老年人晚年生活全过程。满足老年人多层次、多样性和多元化的诉求，在构建增强获得感、幸福感和安全感的社会养老服务体系中，必然涉及如何将有限资源进行更加有效配置，如何精准细分服务人群，如何适当设置标准，如何高效调配资源，这是党和政府面临的又一重大课题。

化解城市养老服务供需脱节的结构性矛盾要求不断优化社区养老服务资源配置。一方面，在汹涌而来的老龄化浪潮中，多样化的养老服务需求带来的巨大市场得到了各类资本高度关注，政府财政、社会资本等纷纷投向养老事业和产业，扩大了养老服务供给范畴。另一方面，养老服务设施空置率高、社会资本投入亏损严重等问题也逐步呈现。《2021年度国家老龄事业发展公报》数据显示，截至2021年末，我国已注册养老机构数量达到4万家，能够提供503.6万张床位。[①] 从各城市养老机构入住率来看，北京市、南京市养老机构床位使用率分别为49%、50%，上海市作为我国老龄化最为严重的城市，养老机构入住率也不足70%，部分偏远区域不足20%（许海燕，2014）。

面对"一床难求"和"床位空置率高"结构性难题，民政部、国家发改委等11部门联合下发《关于支持整合改造闲置社会资源发展养老服务的通知》，明确提出为提升社会资源配置和使用效率，要不断深化"放管服"改革，对闲置资源进行合理化的改造，通过改造闲置资源推动资源供给侧改革，增加社会资源的有效供给量。针对社会关注的养老服务机构床位空置问题，民政部明确提出，在"十四五"期间将力促养老服务资源优化配置，解决养老机构床位空置问题。可见，养老服务资源闲置与优化配置已经成为社会关注的热点问题，并被各级政府提上回应民生需求、推进养老事业发展的重要日程。

---

① 《2021年度国家老龄事业发展公报》，https://www.gov.cn/xinwen/2022-10/26/content_5721786.htm，最后访问日期：2024年3月29日。

当前，城市社区养老服务同样面临上述问题。黄启原等（2021）基于中国老年人健康长寿影响因素追踪调查数据（CLHLS）进行的研究发现，老年人对家访照顾需求量最大（81.0%），但仅35.0%的老年人能获得此类服务；保健知识教育服务需求量次之（75.7%），但仅42.2%的老年人能获得该类服务；心理咨询服务需求量排第三位（67.3%），但仅12.1%的老年人能获得此类服务；还有64.3%的老年人希望得到居家护理服务，但仅10.2%的老年人能获得此类服务。

究其本质，养老服务资源优化配置机制缺失、有效措施和具体路径不清，是导致养老服务供需结构性矛盾的根本原因。在当前时代发展和社会环境下，无论是从国家积极应对人口老龄化战略部署的核心工作来看，还是从满足当前居民日益增长的多层次、多样化养老服务需求以及化解长期存在的养老服务供给和需求之间存在的结构性矛盾角度来讲，优化养老服务资源配置研究均具有必要性、重要性和迫切性。

二 研究意义

开展社区养老服务资源配置研究有着深刻的理论意义。资源配置是经济学研究的热点，并且在西方及我国经济学研究中已经形成了丰富的理论体系。在积极应对人口老龄化国家战略背景下，社区养老服务是破解大城市养老难题的重要突破口已经成为行业共识，构建社区养老服务体系的本质就是配置养老服务资源，这既是一个实践问题，也是一个理论问题。借鉴西方国家探索的经验，立足我国所处的经济发展阶段、社会文化环境，在我国全力推进新时代养老服务体系建设的探索和实践中，构建有中国特色的社区养老服务资源配置理论，既是现实的需要，也是历史的必然。

本书在纵向梳理城市社区养老服务资源配置历史变迁、横向对比国内外先进地区社区养老服务资源配置模式的基础上，以深圳为例，深入分析当前我国养老服务资源配置状况和问题，全面梳理养老服务资源配置的影响因素，探索和总结供需适配的养老服务体系建设及养老服务发展的内在规律，从而为优化城市社区养老服务资源配置提出具体的政策建议。与此同时，在实证研究基础上建构一套供需适配的养老服务资源优化配置模型，揭示资源配置主体、资源配置客体、资源配置标准等不同要素之间的影响关系，丰富城市社区养老服务资源配置研究的理论框架与实践经验。

开展社区养老服务资源配置研究有着重大的实践意义。大力发展社区养老服务是当前我国养老服务体系建设的重点，也是我国养老服务政策构建的着力点，已经成为社会政策关注的焦点，也成为社会力量和社会资本竞相投入的热点。在各级政府、各种力量全力推进社区养老服务体系建设的过程中，如何完善社区养老服务政策体系，如何引导社会力量有效参与，如何有序推进社区养老服务设施建设，如何精准开展社区养老服务，是摆在各级政府、各种社会力量、老年人及家庭面前的现实问题，这就需要有明确的政策指引，为各种资源进入社区养老服务领域提供引导。

本书形成的关于养老服务资源优化配置理论模型与策略的成果及其推广应用，能为政府部门制定有关养老政策提供决策参考，为规划养老服务设施与其他养老要素提供科学依据，为构建高水平养老服务体系提供路径指引，与此同时，为企业、社区、社会组织及其他主体科学参与养老服务体系建设、优化资源配置、提升养老服务效能提供方向指引，对于减轻大城市养老压力与服务供给负担，增强老年人及其家庭的幸福感、获得感与安全感，具有重要的实践意义。

第二节 文献综述

一 关于社区养老的研究

社区养老是一种介于居家养老和机构养老的一种中间养老模式，其发端于20世纪80年代英国推行的"社区照顾"，伴随国际社会对"原居安老"（aging at place，也称为"在地老化"）养老规律的认识，以及养老成本的考虑，社区养老日益成为主流模式（陈伟，2012）。

"社区照顾"是国外社区养老问题研究中的核心概念，从国外"社区照顾"的发展和变迁中可以看出，在从"在社区照顾"到"由社区照顾"转变的过程中，其内涵不断得到延伸（Mitchell et al., 2016）。从学术界的研究来看，"在社区照顾"强调老年人在社区内得到应有的照顾服务，摆脱对"机构照顾"的依赖，其主要通过小规模的社区养老机构及非正式的社区服务为老年人提供照顾。英国在1981年发布的《步入高龄化白皮书》中正式提出"由社区照顾"的概念，强调由政府、营利组织、非营利组织、家庭等为老年人提供照顾服务。在"在社区照顾"到"由社区照顾"的变迁中，照顾资源配置成为关注焦点。

我国社区养老服务是在20世纪90年代发展社区服务的过程中发展起来的，伴随着政策的不断调整，学术界对社区养老的探讨集中在概念内涵、服务对象、服务内容等方面。

关于社区养老的概念内涵的研究。界定社区养老的内涵，首先需要明确其在我国社会养老服务体系中的定位。在政策文件中，《社会养老服务体系建设规划（2011—2015年）》首次对社区养老的功能进行了界定，文件指出，为老年人提供日间照料服务和为居家养老提供支持是社区养老的两大功能。此后，《中共中央关于制定国民经济和社会发展第十三个五年规划的建议》也首次提出，要"建设以居家为基础、社区为依托、机构为补充的多层次养老服务体系"，明确了社区养老在我国养老服务体系中的定位。

从服务设施的角度看，丁建定（2013）认为，社区养老是依托公共服务设施，为居家养老提供必要的依托和辅助的一种养老模式，目的是更好地实现原居安老。从服务模式的角度看，穆光宗（2016）提出，社区养老有四种模式，即纯粹的居家照料模式、居家为主社区为辅的结合模式、社区为主居家为辅的结合模式，以及纯粹的社区养老模式，并认为社区养老的可持续发展需要与政府的老龄工作相结合，需要与社区老年人的需求相结合，还需要与服务的市场规律相结合。

关于社区养老的服务对象的研究。从纵向看，社区养老服务对象的界定经历了从特殊群体到全体居民的转变过程。《社会养老服务体系建设规划（2011—2015年）》对社区养老服务进行了界定，提出其主要是指由政府及其他主体为家庭日间暂时无人或者无力照护的老年人所提供的社区照顾服务，更多社区老年群体被纳入社区养老的服务对象中来。《民政事业发展第十三个五年规划》进一步扩大了社区养老的覆盖范围，在原来的基础上将需要社区服务的所有老年人纳入社区服务的范畴中。从横向看，社区养老是面向能够自理和部分失能的绝大部分老年人的养老服务方式，而机构养老作为居家养老和社区养老无效时不得已而选择的养老方式，其服务对象为完全失能老年人或者年迈的孤寡者等少部分老年群体（丁建定，2013）。

关于社区养老的服务内容的研究。随着我国养老服务实践的发展和养老服务政策的不断完善，社区养老的服务范围逐渐扩大，国内学者对其服务内容的研究多与服务需求、供给主体等有关。从服务需求的角度来看，王洁非和宋超（2016）提出，生活照料、物资援助、精神慰藉和医疗护理等主要是回应社区老年人的基本需求。盖宏伟和刘博（2019）则按照老年人的具体需求，提出家政起居、洗澡就餐、医疗服务、紧急救助是老年人对社区服务最紧迫的需求。从供给主体的角度，张胆（2011）等学者将社区养老服务归纳为经济、生活、精神三个层面，这些不同层面的社区养老服务由不同的服务主体提供，其中，经济养老服务被称为基本养老保障，主要由国家和政府提供；生活养老服务则由市场及社会力量提供；精神养老服务则主要由家庭及亲朋好友提供。

可见，从已有学术研究来看，社区养老服务是政府主导、社会参与和家庭负担的养老服务模式，是在社区场景中，以社区为资源配置载体，将医疗、生活、应急、文化等各类型资源汇集到社区平台，为老年人提供综合性、专业化的养老服务。

二 关于养老服务资源的研究

关于养老服务资源内涵的研究。在我国，较早提到养老服务资源这一概念的是穆光宗，他在研究中国传统养老方式的变革时提出，养老服务资源指经济的或物质的资源、照料资源和精神资源（穆光宗，2000）。学者从不同维度对养老服务资源进行了定义与归纳。从需求类型的角度来看，赵东霞等（2018）认为养老服务资源是在一个国家或者地区内，以呈现不同分布特征的老年人的需求为基础，那些直接服务于老年人，并给老年人带来实际效用的各类条件的总称，包括生活资源、医疗资源和精神资源。从供给主体角度来看，由政府、市场、家庭、非营利组织等不同主体为老年人提供的各类支持服务，都可以称为养老服务资源。政府作为养老服务责任的主要承担者，需要通过财政、税收等手段协调不同类型的养老服务资源，实现不同类型养老服务资源的互补和平衡。从功能属性的角度来看，养老服务资源包括硬件和软件两个部分。其中，硬件养老服务资源主要包括基础设施、资金等，硬件养老服务资源是供给养老服务的重要基础；软件养老服务资源主要是指构建养老服务体系和提升养老服务品质的相关制度、政策、环境、服务、氛围等。从物质属性的角度来看，可将养老服务资源划分为财力、物力、组织和人力四个类型。社区平台汇聚以上四类资源为老年人提供多元化服务（向平萍，2014；Fukui et al.，2021）。高琦（2012）认为可将社区养老服务资源划分为机制类、组织类、环境类及其他类四个类别。

综上所述，养老服务资源是一个复合型的概念，按照不同的角度和层面可将养老服务资源划分为不同的类型。当前学术界对于养老服务资源的理解和划分还存在较大的差异，对养老服务资源概念的认识尚没有统一。

关于养老服务资源供给主体的研究。国外对养老服务资源供给主体的研究聚焦于非正式照顾在养老过程中所具备的独特优势与面对的挑战。加里·贝克尔（Gary S. Becker）将家庭的概念界定为提供食物、健康、情感和儿童等不同类型产品和服务的工厂，基于此提出实现个人福利最大化的路径是家庭和婚姻，家庭和家族通过功能的发挥能够抵御社会风险，家庭成员及亲属之间通过互助的方式推动社会的稳定运行，家庭是老年人服务的主要承担者，同时随着老年人年龄的不断增加，家庭成员对老年人的照顾愈加普遍

（Becker，1991）。

随着家庭结构的不断变迁和家庭赡养功能的弱化，家庭难以承担养老服务功能，因此在家庭养老的基础上，国家和社会等其他主体应根据老年人需求提供相应的养老服务和资源。艾伦·沃克（Allen Walker）提出在居家照护中，为扩大照护范围及提升照护质量，需要引入使用者导向的照护体系（Walker，2000）。蒙哥马利（Rhonda J.V. Montgomery）等提出家庭结构的变迁及功能的弱化亟待以社区为平台配置养老资源，为家庭养老提供有效的补充（Montgomery et al.，2000）。希金斯（J.Higgins）提出政府、非营利机构、行业协会、志愿者团队、非政府组织等均是社区服务的主要提供者（Higgins and Joan，1980）。

我国对养老服务资源供给主体的研究尚处于起步阶段，零散分布于对居家社区养老的研究中。从主体优势的角度出发，政府在社区养老服务中应当作为主导者，主要承担服务政策的制定、养老服务的供给、服务监督评估等职责；市场作为社区养老服务的主要提供者，为老年人提供多层次、多元化的服务，并肩负着培养专业养老服务人才的责任；社区应发挥纽带与桥梁的作用，要整合各类养老服务资源，协调多元主体合作，为多元主体在社区环境中搭建交流和服务的平台，并有效反映老年人多层次的服务诉求；志愿者、慈善组织等社会力量发挥为社区养老服务提供人力资源与资金资源的补充作用；家庭作为养老服务重要支持者，给予情感支持，鼓励老年人积极参与社区养老服务，并承担起相应的养老责任。从主体责任的角度出发，丁建定（2019a）认为，根据人群以及需要性质的不同，政府主体、社会主体以及个人（家庭）主体应承担不同的责任。政府主要发挥兜底功能，即主要为生活困难的老年人提供保基本的养老服务，同时政府要扮演政策制定者和公共资源配置者的角色，引导社会力量提供差异化的养老服务，通过引导和监督推动多主体、专业化的社区养老服务。从客体性质的角度出发，张胆（2011）认为，政府是基本养老保障的供给主体，市场是生活养老服务的供给主体，家庭是精神养老服务的供给主体。

由此可见，我国学者普遍倾向于多元主体论，即多元主体针对不同性质的资源发挥不同的作用，并相互协同，但是学术界更加注重研究政府作为供给主体在养老服务资源配置中的作用。

三　关于城市社区养老服务资源配置的研究

养老服务资源需求与供给是一个重要的研究内容。养老服务需求是研究养老服务资源配置的重要切入点。物质与精神是使用较多的研究维度，且精神需求的重要性日益被学者关注。穆光宗（2000）首先提出"精神赡养"这一概念，呼吁社会和家庭关注老年人的精神需求。有实证研究通过调研老年群体发现，大部分城市老年人在得到日常生活照料的基础上，在精神世界和心理方面更加渴望得到关怀与爱护（李文君，2011）。李芳（2012）提出，老年人精神世界的空虚难以靠物质需求的满足来弥补，老年人群的精神长期得不到慰藉容易导致焦虑情绪和抑郁情绪。也有研究从服务设施的角度进行养老服务资源的需求分析。王辅贤（2004）通过深入调查，认为应通过建设社会福利机构、医疗保健机构、老年人活动中心、老年服务中心、老年大学、老年婚介机构等六类设施来为老年人提供社区养老服务。

关于社区养老服务资源供给的研究。不少研究主要是从社区养老服务供需结构性矛盾的视角切入，提出了老年人服务需求未被满足、服务利用率低等问题。此外，还有学者提出，在社区养老服务供给中，医疗保健资源急缺、供给内容不丰富、服务人员不专业，无法满足老年人多样化的需求；保障机制缺乏、监督机制不完善、整合力度不大、信息反馈不足，导致服务供给效率较低；尚未建立相应制度化的老年人养老服务需求评估机制；等等（唐钧，2015）。

整体来看，虽然学术界对养老服务供需结构性矛盾和问题进行了深入研究，但是关于养老服务资源需求与供给之间关系的研究较少，尤其是量化的实证研究更是缺乏。

关于社区养老服务资源配置内涵的研究。资源配置的重要基础是资源的稀缺性。资源具有稀缺性特点，因此要求按照人们的需求对资源进行合理的分配，通过资源合理分配发挥资源最大价值。从本质上来讲，养老服务资源具备资源的属性，因此其具备稀缺性的特点。部分学者认为所谓"养老服务资源配置"就是指在一定的区域范围内，以养老服务需求为出发点，对人力、物力、财力等养老服务资源进行合理分配，通过合理的分配尽可能扩大养老服务资源的覆盖范围，满足更多老年人对养老服务的需求，实现养老服务资源价值的最大化（赵东霞，2020）。还有学者在养老服务资源配置研究中，从社区养老服务体系平衡的角度出发，提出社区养老服务资源配置是各类型养老服务资源协同及动态互动的过程，其目标在于从整体上实现社会养老资源的高效利用（郭林，2020）。

关于养老服务资源配置策略的研究。随着我国老龄化的不断加剧，养老服务资源配置成为社会关注的焦点，同时也成为学术界关注的焦点问题。资源配置问题表征在养老服务设施供给上。有学者指出，与老年人对养老服务资源日益增长的需求相比，养老服务资源供给处于短缺状态。在城市化以及快速老龄化背景下，我国社区养老服务体系面临着不同程度的资源供给不足的困境，这种供需不平衡主要表现为养老服务机构和福利设施资源闲置与供给不足的矛盾。资源配置问题的解决办法是供给主体协同。在强调各主体协同发展、发挥各自优势的同时，在不同策略上各主体的发展顺序有所不同。一是市场主导论。第一种观点倡导以市场配置为基础、政府适度干预的原则（何文炯等，2008），认为要充分发挥市场在养老服务领域配置资源的决定性作用，不能走政府包揽的老路，这样才能解决养老服务资源短缺问题（张博，2021）。第二种观点从家庭照护功能弱化的角度出发，认为不得不考虑由社会市场提供养老服务资源。第三种观点认为老年人多样化、多层次的需求以及对更高质量生活的追求，倒逼多元化的服务供给及服务市场化（刘冠男，2014；崔跃，2021）。第四种观点认为市场经济自身的规律性会引导养老服务企业不断提升养老服务资源质量，不断生产新的产品以满足老年人需求，适应市场的需求。二是政府主导论。持政府主导论的学者普遍认为，养老服务资源具有福利性和公共服务性质，他们主张由政府来提供更加合适（韩曙光，2018；张玮纯，2018；李朋朋，2016；俞世仲，2011）。三是协同机制论。持协同机制论的学者普遍希望建立一种资源整合、优势互补的机制，提升资源配置效率。有学者提出"四力协调"机制，即养老服务资源的配置离不开需求力、承受力、配置力和获得力的相互作用，建议通过满足需求力、增强承受力、强化配置力来提升获得力（丁建定，2019a）。

此外，还有如下关于优化资源配置的建议值得关注。一是养老服务资源的增量配置要同医改相结合。二是在存量上要加强养老服务质量的第三方评估（曹轶蓉等，2022；董欣茹，2021）。三是要处理好养老服务总体规划与养老设施布局的关系、养老服务发展定位与养老服务需求的关系以及养老机构收费与老人支付能力的关系（高琳、张岩松，2021；何晖、张会阳，2021）。

整体来看，养老服务资源优化配置的研究日益丰富，且主要从供给主体的角度探索更优的方案，但缺乏将不同主体、服务对象、服务标准等相联系，找出关键影响因素与路径的量化研究。

四　对现有文献的简要评价

从现有研究可以发现，社区养老服务资源优化配置研究是在社区养老研究的基础上，借用资源配置的新视角，衍生的新的研究领域或研究范式。近年来逐渐成为研究热点，取得了一定的研究成果。首先，国内研究对社区养老的相关概念形成了丰富的认识，对其在养老服务体系中的定位，以及服务对象的范畴达成了一些基本共识。在社区养老服务内容方面，虽然划分依据不一，但涵盖范围全面，涉及从物质到精神、从生活到健康医疗等各个方面（Rachel，2021）。其次，基于社区养老的丰富研究，国内外对养老服务资源的研究呈现发散式、类型化的特点。在资源类型方面，形成了从服务对象需求、供给主体类型、资源属性等不同维度进行划分的研究成果。在供给主体方面，探讨较多的是政府、市场、个人（含家庭）的角色定位与协作机制，但是对"社会"这一主体的研究较少，且指代不明，有些研究中的"社会"特指社区、社会组织、志愿与慈善力量等，而有些研究则将企业等非政府力量纳入"社会"的范畴。再次，在养老服务资源优化配置研究方面，主要是从供需结构性矛盾切入，注重问题的解决。当前的许多研究，以问题为导向，从供需矛盾的角度进行了系统研究，从问题解决的视角，提出了许多优化方案，尤其是在供给主体协同机制优化方面，进行了不少实证研究，并提出了一系列政策建议。

虽然学术界对社区养老以及养老服务资源的研究较为丰硕，但在养老服务资源优化配置研究方面，仍有诸多缺憾。首先，从研究内容上看，研究多聚焦于资源配置主体、资源配置客体（不同资源类型），较少涉及资源配置标准，即基于怎样的配置标准去判断养老服务资源是否实现优化配置？且研究较多停留在静态分析上，较少从供需适配的角度去分析资源配置各要素之间的影响，且对核心概念"资源配置力"及其影响因素的研究不足。其次，从研究方法上看，目前国内的研究以定性研究为主，定量研究较少，基于一手数据的实证研究更是缺乏，这也导致基于养老服务资源配置研究的理论模型和数据模型均较少。尤其是在我国大力发展社区养老服务的背景下，有限的社区养老服务资源如何精准投入需要科学理论的指导，因此构建社区养老服务资源配置的决策框架十分迫切。再次，从研究视角上看，虽然少量的定量研究以老年人满意度、老年人健康程度等为因变量和测量资源优化配置程度的核心指标（Lim et al.，2013），但是仅仅将老年人当作被服务的客体，而忽略了老年人自身的资源价值，忽略了老年人自身在资源优化配置中的主体作用（Krothe，2010），也就是说，在建立数据模型时，未将老年群体（尤其是老年互助组织、社区组织等）作为重要的影响因子纳入模型分析中。因此，需要一种新的视角，即将老年群体作为影响因子，纳入资源配置模型中，为进一步探讨老年人力资源开发提供理论路径与实证依据（Kincade et al.，1996）。

第三节　理论基础和分析框架

一　核心概念界定

社区养老服务内涵丰富，且在理论研究和实践层面，社区养老服务的内涵持续得到丰富。国内外对社区养老有不同的理解，有的学者以服务场所和服务来源为依据进行定义，如陈伟涛（2021）认为，社区养老服务的场所既包括老年人的家，也包括社区的养老服务机构与服务设施，老年人白天在社区养老服务机构或设施接受服务，晚上则回家居住，因此应根据老年人的需求不断调整服务的场所。在社区养老服务中，家庭成员、服务人员和社会组织成员等均可提供直接的服务。更多的学者根据养老模式来定义社区养老，如阎安（2007）、黄少宽等（2013）认为，社区养老是为社区中不同健康状况的老年人提供康复护理、生活照护、精神慰藉等服务的一种养老服务模式。还有学者将社区养老与居家养老联动起来，认为社区养老是居家养老的辅助，如丁建定（2013）认为，社区养老是通过建设一批不具有法人资格的养老公共服务设施，为居家养老提供必要的依托和辅助，其目的是更好地实现居家养老，动员社区内的服务资源来提供照顾。在我国，随着基层社区治理体系不断完善、社区结构日益分化与整合、社区营造和社区治理，社区生活共同体逐步形成，因此，社区养老服务的定义既要考虑当前我国社区的本质，又要考虑社区内养老服务的特点，既要有静态的描述，也要有动态的调整。因此，社区养老是在家庭或社区内，按照一定的普惠性标准和个性化需求，通过政府、市场、家庭等主体，以养老设施、照护服务、社会参与、娱乐文化等满足老年人多元化需求，而逐步形成的一种社区福利共同体。

社区养老服务资源是为老年人提供社区养老服务的所有资源总和，是"养老"和"资源"之间的有机结合。学术界从不同的研究方向、研究侧重和研究视角对养老服务资源的内涵进行了界定（Baker et al., 2017）。穆光宗

（2012）、柴效武（2005）从养老服务资源要素构成来界定，他们认为，养老服务资源是老年人养老实现的重要条件和支撑，不仅包括老年人养老所需的物质、金钱、人员等有形资源，还包括情感支持、心理慰藉、语言沟通等无形资源。王思斌（2010）则侧重从功能角度来界定养老服务资源，在当前学术界引发共鸣，他认为，养老服务资源是老年人获得养老服务的重要保障，也是养老服务产生效果的前提，既包括宏观的养老服务与弱势群体相关政策制度，也包含微观的养老服务相关的资金、物质、机会成本、关照氛围、服务内容等。黄乾（2005）也持相同观点，认为除金钱外，诸如政策制度、服务产品、关心支持等有利于老年人生活的系列条件的总和是养老服务资源。高琦（2012）则从资源整合的角度界定养老服务资源的内涵，他认为养老服务资源涵盖内部组织和机制资源以及外部环境资源，同时指出养老服务资源整合可以有效优化养老服务系统结构和功能，进而推动整个社区养老服务体系优化。根据相关学者的研究成果，结合民政部等相关文件精神，可见，社区养老服务资源是指有助于提升老年人生活质量，实现社区养老服务功能的一系列设施、资金、人力、信息技术与系统的总和，具体包括人力、财力、物力、文化等资源。

社区养老服务资源优化配置是对社区养老服务供给需求资源分布进行调节，进而达到社区养老服务资源优化配置目标的一系列过程。社区养老服务资源优化配置的主要目标是实现养老服务资源供给与需求的适配，满足老年人服务需求，从而实现社会福利提升，不同主体可以采取政策引导、设施建设、财政投入、服务供给等手段。在社区养老服务资源配置结构中，服务需求、服务供给、服务资源三者之间存在互动性，即需求超前、供给滞后（见图1-1）。养老服务资源供给须以需求满足为前提，最终实现养老服务资源配置效率最大化（安兵，2013；王淑卿，2012；缪青，2014）。

换言之，社区养老服务资源配置涉及资源配置的主体、客体、标准、目标、内容和效果等多个层面，区别于从常规资源配置供需匹配维度分析社区养老服务资源配置问题，应当从社区养老服务资源配置的主体、客体、标准、

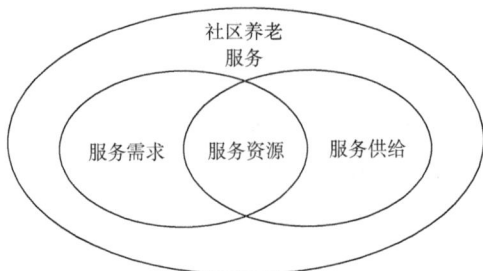

图 1-1　社区养老服务资源配置

目标等多层面出发，展开社区养老服务资源优化配置研究。

　　可见，社区养老服务资源优化配置，是指在社区范围内，由社区养老服务资源配置主体（政府、市场、家庭等），按照老年人及其家庭在社区养老中所表达的服务需求特征和内容，开展社区养老服务资源如设施资源、财力资源、人力资源、文化资源等调配的过程。实现社区养老服务资源优化配置，就是在社区场域中，将养老服务资源进行要素组合，争取最大化的产出，实现社区内养老服务资源总供给与总需求的动态平衡。养老服务资源配置包括增量配置和存量配置，增量配置主要是指随着社区养老服务需求的增长，将养老服务设施资源、人力资源、财力资源、文化资源等更多资源引入社区的过程；存量配置指将社区内现有养老服务资源进行结构优化、功能提升、布局调整，推进社区养老服务供需精准对接、社区养老服务质量提升，实现社区内养老服务资源的重组和效用最大化的过程。

二　研究的理论基础

　　福利多元主义理论为社区养老服务资源优化配置研究提供了有益借鉴。在早期的福利国家，二分式思维一直主导着社会对老年照料服务的看法。在以家庭为核心的社会结构中，如早期的德国，在保守主义观念的影响下，社会普遍认为家庭应该承担老年照料的职责，且是唯一的责任主体。从保守主义的观点来看，社会结构变迁导致家庭结构变化从而引发的原有照料责任的缺失是对社会公序良俗的公然违背（Skolnick and Skolnick，1994）。受当时社会思潮影响，马克思主义经济理论中社会生产理论在看待养老方式上则强调经济形态和生产方式对其的共同作用。个体农民经济形态中对小块土地的分散经营，导致社会生产活动的单位只能是家庭，家庭负责自身发展的一切物质所需，因此在家庭中养老是该种经济形态下的必然产物（Debra et al.，2021）。

随着福利国家通过立法来保障和调节全民福利的机制不断完善，资本主义国家推行的适应性改革就公民权利和保障等问题与公民之间达成新的共识（米什拉，2003），国家逐渐成为养老照料责任的承担主体。在经历了20世纪70年代经济发展停滞和通货膨胀后，以英国为首的国家在经济衰退的影响下，曾经高水平的福利开支难以为继，由此提出将养老的责任由政府向社会和私人转移，鼓励多主体参与到机制建设、服务提供和相关保障工作中。

首先，多部门的主体地位是福利多元主义的核心，而对多部门主体进一步细化的理论——"福利三角"理论（Lewis et al.，1988）则是以罗斯为代表的一批学者从宏观角度提出的，阐释了"多元"，即将国家、市场和家庭视作三个主体部门，表达了不同主体的价值选择。后来，又有学者将社会组织作为"第四角"纳入了多元主体框架中，形成福利菱形观点（Jenson et al.，2003）——以各类正式和非正式组织等为代表的公共部门和非营利部门（Boje and Ejrns，2011）共同承担养老照顾与健康服务（Smith，1984）。

其次，福利多元主义的核心内容要求构建科学的运行机制。福利多元主义可通过以下两条路径来实现：一是适度的分权，中央政府向地方政府转移部分涉及福利供给的权利；二是参与，在福利多元主义实现的过程中，政府、市场、社会、家庭等多元力量要从政策制定、政策传递及政策执行的全过程中发挥各自的作用（Taylor-Gooby and Johnson，1987）。

按照福利多元主义的观点，在社区养老服务资源配置过程中，要实施多元主体的福利供给机制，即政府、社会、市场和家庭在社区养老服务供给中承担资源供给、服务提供、资源调配的职责。各个主体通过构建有效的资源传递机制，提升社区养老服务资源配置的可及性。养老服务资源供给网络的形成要求多元主体之间互动和协同。在传统的福利多元主义范式中，各主体之间相互割裂，导致社会整体福利的供给存在无效率的特点。从实践层面来讲，大量福利制度的设计以家庭为单位，使得国家福利政策围绕家庭和个体进行设计，影响家庭和个体的福利可及性。在传统的福利多元主义思想中，养老服务中的家庭照料是基于道德和情感层面的福利保障，其实质上是一种代际补偿机制。

福利是一种社会性产物，政府不应独自承担福利供给职责。福利多元主义指出，社会福利应由单一的政府供给模式向政府、社会、市场、社区、家庭、志愿者服务团队、社会组织等多元化供给模式转变。不同福利供给主体职责分工不同，政府主要承担管理和规范职责，其他主体则应发挥自身优势，提供能够满足多样化、复杂化、多元化、动态化需求的社会福利。福利多元主义关于福利供给多元化的理念为社区养老服务资源配置提供了有益的理论借鉴，即社区养老服务资源作为社会福利制度的重要组成部分，应当以社区老年人需求为导向，由政府、市场、家庭、社会组织等多元主体动态供给。

新公共管理理论为社区养老服务资源优化配置研究提供了重要视角。公共管理理论的逻辑起点是养老等是公共问题、公共利益和公共事务，基于这一价值选择可以发现，讨论公共管理主体以解决社会问题和管理问题是这一理论所研究的范畴——包括解决公共管理过程中的人道需求、适度需求乃至奢侈需求。自20世纪70年代开始的经济发展停滞，给西方国家带来了一系列财政赤字、失业率提升等严重社会问题，其发展遇到严重阻碍，因此大多数国家不得不开始反思社会管理中的弊端，期望从源头阻止公共管理不善带来的经济下行，由此推行政府改革运动，代表对公共管理时代反思的"新公共管理"分析范式开始出现（Jackson and Hood，1992）。所谓"新公共管理"是在社会管理的改革实践中对韦伯官僚制度理论的辨析与讨论，其原则是要求政府做好"掌舵人"，充分放权形成公众参与、效率至上的竞争格局。该分析范式建立在政府管理模式充分适应技术革新催生的社会快速迭代发展的基础上，强调引入市场手段，将政府转变为"投资者"，在优化行政管理流程的基础上，推动将"利润"导向公众服务，以产出效果评价政府管理效能，建立"自下而上、简政放权的企业家"政府模式，从而改变传统而僵化的政府管理模式。

随着各国政府改革运动的持续深入，新公共管理理论的影响遍布全球，各国均将其视作推动政府管理发生根本性转变的重要手段。因此，国家的政策制定部门、职能实施部门和服务受众均是公共管理领域的核心主体。陈振明（1998）认为新公共管理理论是公共管理领域的一套方法论，包含指导思想、实施方法，并提出其具有八大特点，分别是职业化管理、战略管理、预算管理、提供回应性服务、服务的分散化和小型化、公共服务的市场化和竞争性、市场化管理模式、公共社会关系转变。

根据新公共管理理论，公共物品有两大特性，即消费的非竞争性与消费的非排他性。消费的非竞争性意味着可以引入更多的消费者，而不会影响其他消费者的消费水平；消费的排他性意味着公共物品的消费要排除其他人既不可能也不现实。社区养老服务作为一种公共物品，有着完整的体系，政府、市场和家庭等不同的主体供给不同属性的社区养老服务。政府是社区养老服务这种公共物品的最重要和核心的供给者，作为公共福利供给的责任主体，承担着社区养老服务资源配置的主体责任，并通过政策体系对政府、市场和家庭等各个要素进行调配，推动各个要素积极主动发挥优势作用，形成多元参与的共管格局。此外，新公共管理理论认为，从社区资源配置的实际操作层面来看，政策以遵循需求为导向，分析社区资源整合的环境背景，有效调动社区各类资源主体围绕不同层级的目标和要求，提升社区养老服务资源配置效能，丰富社区养老服务资源供给。

匹配理论为社区养老服务资源优化配置研究提供了理论借鉴。在经济学中，有一类市场，其资源配置更加复杂，市场设计需要不断完善，叫作"特殊市场"，比如医学器官移植、高校招生和婚姻市场等。盖尔和沙普利（Gale and Shapley，1962）提出关注特殊市场的匹配理论。匹配理论重点关注在特殊市场中，那些与价格无关的人和事物如何更好地高效、公平地匹配。匹配理论探讨不同经济主体如何匹配才能获得最大效果。根据两位诺贝尔奖得主的匹配理论，后续经济学家们深化研究了双边匹配理论，包含货币因素的双边匹配理论以及合同匹配理论是匹配理论在经济学领域的新进展。

社区养老服务资源配置也存在匹配问题，即社区养老服务资源与政策目标的匹配、社区养老服务供给与社区养老服务需求的匹配等。匹配理论为社区养老服务资源配置提供了重要的指引，例如，社区资源配置主体根据政策和需求导向（偏好）寻找匹配的对象，在某种意义上这些偏好是最佳选择。在实际的资源配置过程中，当资源与接受者的特定需求或目标匹配时，资源配置的效能会更高；如果资源本身与需求不匹配，则可能造成资源浪费甚至产生有害影响。同时，资源的有效性在一定程度上也取决于接受者的偏好，当实现资源—接受者的整体性匹配时，能够充分发挥资源的效能，促进养老服务资源的优化配置目标实现。在匹配社区养老服务资源与政策目标以及老年人健康养老服务需求过程中，还需要考虑社会、法律、政策制度、社会环境、文化氛围等各类因素。因此，在社区养老服务资源最优化匹配过程中，需要综合考虑发挥匹配理论作用，通过社区养老服务资源优化配置推进社区养老服务供需适配，推动社会主义和谐社会建设。

三　理论分析框架

福利多元主义、新公共管理理论、匹配理论为社区养老服务资源配置系统提供了一个较为完整的分析框架，分别从社区养老服务资源配置的主体、客体、标准等方面提供了一定的理论依据。福利多元主义为养老服务资源配置主体的多元化及其功能定位提供了理论依据，政府、市场、家庭等主体在配置资源过程中都应该以老年人的需求满足为前提，以增强老年人及其家庭的获得感为目标，同时要考虑老年人及其家庭的可承受能力；新公共管理理论为养老服务资源配置客体确定提供了理论指引，养老服务内容清单要在精准分析老年人需求基础上进行设计，此外还应从老年人支付能力的角度考虑服务内容的合理性；匹配理论为养老服务资源配置标准尤其是供需适配的实现提供了理论依据，匹配的最优模型指出应在老年人可承受的能力范围内，增强老年人及其家庭的获得感，促进养老服务资源配置效率的提升。

可见，养老服务资源配置主体、配置客体、配置标准在社区养老服务资源配置的互动过程中，存在着科学的、稳定的互动机制，使养老服务资源配置主体按照一定的目标和标准与养老服务资源配置客体进行良性互动，从而达到供需适配的均衡状态。从总体上来看，社区养老服务资源配置的过程离不开老年人服务需求、老年人及其家庭支付能力、老年人及其家庭获得感等方面的内容，这与丁建定（2019a）在研究中国养老保障制度与服务整合的实现路径中所提出的"四力协调"分析框架十分吻合，他认为，自理状况所决定的需求力、收入状况所决定的承受力、满足状况所决定的获得力影响社会保障资源配置力的效果。

养老服务资源配置的过程本质上就是养老保障制度与养老服务整合的过程，是以增强老年人及其家庭获得感为目标，以满足老年人需求为导向，综合考虑老年人的承受力，通过养老服务资源配置的主体、客体、标准进行有效传递和动态平衡的过程。具体来看，政府通过制定养老社会保障政策，将增强老年人及其家庭的获得感确立为养老社会保障政策的目标，以政策明确养老服务体系建设的财政投入机制、设施建设机制、人才培养机制、科技助老机制等，引导多元主体包括市场、家庭等通过深入的市场调查，以老年人需求为导向，通过市场化的养老服务供给、养老服务项目设计、养老服务产品、家庭赡养作用发挥等参与养老服务，立足当前老年人及其家庭的支付能力和支付意愿，为老年人及其家庭提供便利可及的社区养老服务，从而不断提升社区养老服务的利用率和满意度。因此，社区养老服务资源配置的"主体、客体、标准"与"配置力、需求力、承受力、获得力"就形成了一个互动的机制，为分析社区养老服务资源配置提供了一个框架。

由此，城市社区养老服务资源配置便有了一个初步的逻辑分析框架，具体框架如图1-2所示。

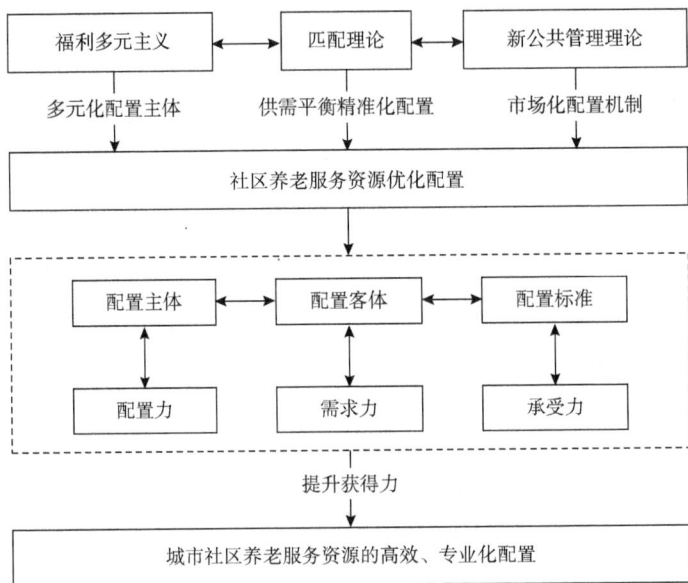

图1-2　城市社区养老服务资源配置理论框架

在社区生活的场景中，多元化资源配置主体包括政府、市场、家庭等，在一定的社会政策目标下，以提升社区老年人获得感幸福感为目标（获得力），根据社区老年人口结构与服务需求、人口分布或资源辐射范围等配置标准，综合考虑老年人及其家庭的收入状况和经济负担能力（承受力），通过制度建设引导资源流向，通过丰富的服务供给满足多层次服务需求，以信息化科技手段精准配置社区养老服务人力、财政、设施、文化等各类资源，不断满足社区老年人及其家庭日益增长的多元化的养老服务需求（需求力），让老年人及其家庭在社区中能够获得所需要的多元化的养老服务资源，实现社区养老服务供需适配，从而实现社区养老服务资源配置力提升（配置力），资源的投入效率与利用率不断提升，老年人对养老服务使用的便利性不断提升，满意度不断提高。

第四节　研究思路与方法

一　研究思路

首先，本书通过文献分析和归纳总结，界定城市社区养老服务资源优化配置的基本内涵，阐述城市社区养老服务资源配置的基本理论，明确城市社区养老服务资源系统基本要素，确定社区养老服务资源配置研究的基本理论框架；其次，通过历史分析和政策分析，阐述我国城市社区养老服务资源配置的系统历史演变及政策变迁，提出城市社区养老服务资源配置的发展趋势和面临的挑战，对社区养老服务资源配置各要素的变迁规律进行系统的阐述，为确定社区养老服务资源配置要素提供实践参考；再次，在理论研究的基础上，通过调研和实证分析，以深圳为例，在对深圳社区养老服务资源和老年人口基线调查的基础上，对深圳社区养老服务资源的供给情况、需求情况进行了深入分析，并以满意度为基础对深圳城市社区养老服务资源配置的效果及影响因素进行分析，从而为构建科学的社区养老服务资源配置理论模型提供借鉴；又次，基于深圳典型案例养老服务资源配置的实践研究结果，借鉴先进国家和地区社区养老服务资源优化配置经验启示，利用SDG方法原理，基于"要素整合"与"四力协调"的分析模型，构建我国城市社区养老服务资源配置的理论模型；最后，在理论分析和实证分析的基础上，针对社区养老服务资源配置存在的问题，从"四力协调"的角度，基于养老服务资源配置的"要素整合"提出了社区养老服务资源优化配置的实现路径（见图1-3）。

二　研究方法

历史分析法。随着中国老龄化程度不断加深，在养老模式和机制变迁的综合影响下，社区养老服务资源配置也处在不断变化中，考察城市社区养老服务资源配置机制需要对配置主体、配置客体、配置标准等进行历史梳理，

研究设计

文献分析 ──────────── 归纳总结

文献综述+基本概念界定 ┄┄> 城市社区养老服务资源系统（主体、客体、标准、内容、方式、目标） ┄┄> 城市社区养老服务资源配置运行机制分析

历史分析法

我国社区养老服务资源配置历史变迁 ──> 社区养老服务资源配置变迁的基本趋势

我国社区养老服务资源配置面临的挑战

深圳城市社区养老服务资源配置的实证分析

深圳社区养老服务资源供需现状 　　　 深圳社区养老服务资源配置现状分析

社区养老服务资源配置问题分析 　　　 深圳社区养老服务资源优化配置影响因素及配置过程分析

国际社区养老服务资源优化配置经验 ──> 我国城市社区养老服务资源优化配置理论模型构建

城市社区养老服务资源优化配置的目标分析 　　　 城市社区养老服务资源优化配置的要素确定

城市社区养老服务资源优化配置的模型构建

城市社区养老服务资源优化配置的建议

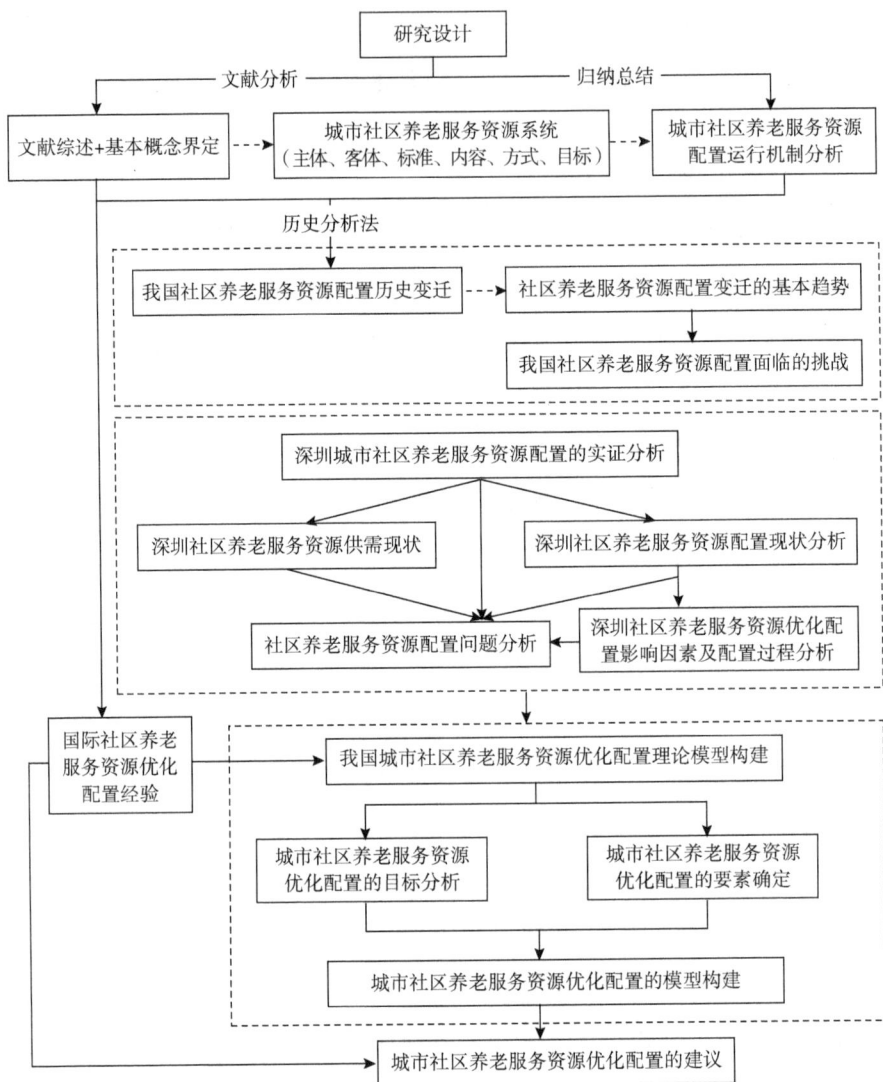

图 1-3　本书的技术路线

因而历史分析法在本书中极为重要。本书对社区养老服务资源配置变迁进行了系统分析，并对西方国家社区养老服务资源配置进展进行了必要分析。

　　文献分析法。我国社区养老服务资源配置机制的形成和发展处于一个不断演化的经济社会体当中，一定时期的经济环境、政治环境、社会环境和文化环境均对社区养老服务资源配置有重要影响，开展社区养老服务资源配置

的变迁分析，就离不开对不同时间段社区养老服务资源配置所处的环境因素的分析，也就是要以文献分析法探寻社区养老服务资源配置的环境因素。本书所使用的文献主要包括：统计年鉴、国家统计公报、有关社区养老服务资源配置的著作和论文等。

专家评分法。又称专家打分法，是指通过匿名方式征询相关专家的建议和意见，对专家的建议和意见资料进行统计、清洗、整理、分析、总结和归纳。专家评分法是专家论证的一种重要方法，根据专家们的评分资料和数据分析结构，客观地综合多数专家的经验与主观评判和论断，对那些难以应用技术或者统计方法开展定量数据分析的各类因素做出科学合理的评估，经过多轮专家意见征询、反馈、评估和调整后，对论证对象的科学性、可实现程度以及其他相关特征进行分析。本书运用专家评分法论证初步建立的城市社区养老服务资源优化配置理论模型，为该模型的修改完善提供建议。

比较研究法。立足差异化的经济环境、政治环境、社会环境和文化环境，不同国家和地区在社区养老服务资源配置方面存在差异，因而，对社区养老服务资源配置的分析需要比较不同国家和地区的制度、文化等的异同。本书主要通过对不同国家和地区社区养老服务资源配置的分析，比较归纳不同国家和地区社区养老服务资源配置模式。同时，本书还对我国老龄化程度不同的城市的社区养老服务资源配置现状、主体、客体、标准情况进行比较分析。

统计分析法。资源配置既有其内在的形成机制，也可以外显为资源的规模。社区养老服务资源配置的主体、客体、标准、目标、内容等均存在外在的数理化表达，适合利用数理统计分析方法研究。本书利用数理统计分析方法分析典型案例深圳的社区养老服务资源供给现状、社区养老服务资源需求情况、社区养老服务资源配置现状，并基于此分析深圳社区养老服务资源配置存在的问题和影响因素，探测深圳社区养老服务资源配置路径，为定性建构城市社区养老服务资源优化配置理论模型奠定数理基础。

三 研究内容

从纵向上深入分析我国城市社区养老服务资源配置的历史变迁，从横向上比较发达国家和地区社区养老服务资源配置的经验，从而提出我国城市社区养老服务资源配置的路径，是本书重要的切入点。因此，本书的主要内容包括以下四个方面。

第一，城市社区养老服务资源配置历史演变和政策变迁。首先，本书通过文献分析，界定城市社区养老服务资源优化配置基本概念和基本理论；其次，本书利用历史分析法，通过分析城市社区养老服务资源配置历史，梳理社区养老服务资源配置的主体、客体和标准要素变迁特征，在此基础上，总结我国城市社区养老服务资源配置发展趋势和面临的挑战。

本部分内容需要回答如下几个问题。城市社区养老服务资源配置的历史和现实是什么？城市社区养老服务资源配置主体、配置客体、配置标准在历史变迁中呈现什么样的特征？随着中国城市快速进入老龄化社会，居家养老、社区养老、机构养老缺乏明确界限，对相关资源没有统筹规划设计，社区养老服务资源不足与闲置并存，究竟这种矛盾是如何形成和发展的？

第二，城市社区养老服务资源优化配置实证研究。在上述研究的基础上，从城市社区养老服务资源配置主体、客体（社区养老服务资源）、标准等多方面出发，在理论研究的基础上，以深圳经济特区为例，结合深圳老有颐养民生幸福标杆城市建设政策目标，根据深圳老年人口特征和养老服务需求现状调查分析结果及社区养老服务资源配置现状，构建深圳社区养老服务资源配置供需数据库；之后，根据深圳养老服务先行示范目标和国家积极应对人口老龄化战略等政策要求，结合城市社区养老服务资源优化配置理论模型，展开深圳社区养老服务资源优化配置实证研究，重塑深圳社区养老服务资源配置过程。

本部分主要回答如下几个问题。一是城市社区养老服务资源供需失衡的本质与影响因素是什么？社区养老服务资源不足与闲置是当前社区养老的一个突出矛盾，本书深入分析了这一矛盾的本质及其影响因素。本书主要运用公共政策、制度主义分析方法，从制度环境、制度内容等方面考察社区养老服务资源配置机制，为解决社区养老服务资源供需失衡问题提供指引。二是案例城市社区养老服务资源的供给和需求现状是什么？案例城市社区养老服务资源优化配置的实现路径和影响因素有哪些？同时，案例城市又该为我国城市社区养老服务资源优化配置政策完善提供什么样的决策参考和依据？

第三，城市社区养老服务资源优化配置理论模型构建。在前述理论与实证分析的基础上，本书继续通过历史分析和比较分析，探索先进国家和地区城市社区养老服务资源配置经验。之后利用符号定向图（SDG）深层知识模型，从社区养老服务资源配置的主体、客体、标准出发，在参考借鉴先进国家和地区经验启示基础上，首先，根据社区老年人口结构和社区老龄化进程，结合养老服务资源配置政策目标指向，配置社区养老服务设施资源；之后，根据城市社区老年人养老服务需求内容、社区文体卫等其他资源配置现状，优化配置城市社区各个养老服务设施内部的人、财、设备、信息系统等资源。

本部分主要回答以下问题。城市社区养老服务资源优化配置的理论路径和决策模型是什么？本书在分析我国城市社区养老服务资源配置现状基础上，结合资源配置机制和政策目标指引，利用SDG方法原理，从社区养老服务资源配置的主体、客体、标准等层面，以提升获得力、满足需求力、增强承受力，从而强化配置力的配置逻辑，构建社区养老服务资源优化配置的理论模型，为资源配置实践提供理论基础。

第四，城市社区养老服务资源优化配置措施和路径。在理论分析和实证研究的基础上，结合当前我国城市社区养老服务资源优化配置面临的内外部环境，在参考借鉴先进国家和地区城市社区养老服务资源配置经验的基础上，从需求力、获得力、配置力、承受力"四力协调"角度，提出适应我国老龄化国情的城市社区养老服务资源优化配置路径。

本部分主要回答以下几个问题。以社区养老服务资源配置主体、配置客体、配置标准等要素为内容的社区养老服务资源配置理论模型的实现路径是什么？如何通过满足需求力重构社区养老服务资源配置内容？如何以增强承受力为目标确立资源配置标准？如何以强化配置力为关键优化配置方式？如何以提升获得力为目标提升配置效能？以上述问题为依据，本书探究了城市社区养老服务资源优化配置的实现策略。

第二章

城市社区养老服务资源配置的
变迁与挑战

社区养老服务在我国出现较晚，在新中国成立以后漫长的计划经济时代，我国推行"单位"与"人民公社"二元化的、强调集体主义与城乡分割的社会治理模式（Wang，2019）。受这种计划经济体制与集体主义社会治理模式的影响，新中国成立以来至1977年，我国社会保障体系与再分配制度的构建遵循着集体主义与平均主义的资源配置逻辑。然而改革开放以来，集体主义的解体与市场经济转型重新定义了在经济发展、社会治理以及社会福利体系建设等各个方面政府、市场、社会的责任，也深刻地影响着养老事业发展，特别是城市社区养老服务资源的内涵、配置方式与供给保障制度。本章主要基于社区养老服务理论，以新中国成立以来社会治理模式变迁、经济体制变革、养老服务政策改革以及社区建设、社区福利发展为背景依据，梳理新中国成立以来的社区养老服务资源配置的历史演变、发展规律和主要特征，为后续社区养老服务资源优化配置模型及其构建路径提供参考。

第一节　社区养老服务资源配置的历史变迁

一　资源配置主体的变迁：由集体到政府向多元的变迁

在描述中国社区福利以及社区养老服务政策变迁史时，国内外学者们多使用"单位—社区"和"政府—市场"两个轴。回顾我国社区养老服务资源配置主体发生的变化，可以发现其受到经济体制变革、养老服务政策改革、社区建设与社区福利发展轨迹的深刻影响。

集体主义"单位"作为资源配置主体（1949～1977年）。新中国成立以来至改革开放，我国实行计划经济体制，其特征是公有化的生产手段和政府主导型的资源再分配制度。1954年，我国先后出台《城市居民委员会组织条例》《城市街道办事处组织条例》，标志着我国城市基层社会管理推行以"单位"为主体、街道社区与居民委员会为辅助管理实体的治理机制（张雷，2018）。社会组织的主基调是城市的"单位"与农村的"人民公社"，而社会保障制度呈现城乡二元化格局（刘继同，2017）。

其中，"单位"作为城市社会治理的基础单位，实行"统一生产、统一分配"，并形成了"从摇篮到坟墓"、捧"铁饭碗"、吃"大锅饭"的生产资料再分配原则。这使得养老服务资源形成了系统化的内涵与配置方式，融入到集体主义的生产资料再分配中。因此，当时城市所推行的社会保障制度与社会福利体系可归纳为带有平均主义、终身主义特色的单位型生活保障制度。即在"单位"（包括政府机关、事业单位及国有企业）这一生产共同体中的人员，对共同劳动、共同生产所得到的总资产有公平分配的权利。此外，单位型生活保障制度的另一特点是贯彻终身福利，原则上所属的工作单位向个人及其家庭提供工资以及包括养老服务资源在内的生活所需福利保障资源。

1951年2月，作为现代意义上我国社会保险制度象征的《劳动保险条例》颁布，构建了以职业保障为基础的职工就业、退休、福利、保险一体化的保险制度。虽然改革开放以后，学界多批评其将风险高度集中在国家而不是个人，导致社会保险功能错位，但其构建逻辑与法律效力极大地契合了单位型生活保障制度的集体主义生产与再分配制度，为当时养老服务资源的公有制分配提供了物质保障与法律保障。

政府作为资源配置主体（1978～2012年）。改革开放以后，随着社会主义市场化经济改革深入推进，城市生产共同体"单位"逐渐解体，其承担的福利功能随之消失。特别是在1992年国有企业推进市场化改革以后，过去被称为"大锅饭"的集体主义福利被取消。单位型生活保障制度向政府主导型社会保障制度变革，其内容从传统的社会保险变为涵盖养老、疾病、伤残、生育和失业等的综合性社会保障制度。与单位解体和国有企业推行市场化改革同时进行的，还有城市基层社会管理组织机能调整以及社区建设。1989年，第七届全国人民代表大会常务委员会第十一次会议通过《城市居民委员会组织法》，改革居民委员会性质为"居民自我管理、自我教育、自我服务的基层群众性自治组织"，由政府行政末端组织——街道委员会实行党组织事务与行政事务的双向垂直管理。同时，以法律形式规定居民委员会承担着"办理本居住地区居民的公共事务和公益事业""协助人民政府或者它的派出机关做好与居民利益有关的公共卫生、计划生育、优抚救济、青少年教育等项工作"等任务。

同时，从80年代末期开始，城市不断加快以居民委员会为管理主体的社区建设。学者们将"社区建设"的内容划分为行政管理职能与福利供给职能的构建与完善。1993年，民政部、全国老龄委14个部门共同发布《关于加快发展社区服务业的意见》，要求大力发展以政府为主体、以社区组织为依托、以社会福利为属性的面向所在辖区居民多种需求的社区服务业。

2000年，民政部出台《关于在全国推进城市社区建设的意见》，标志着我国城市社区建设工作开始进入规范化、体系化时代。2007年，国家发改委、民政部共同出台《"十一五"社区服务体系发展规划》，首次提出"社区服务体系"的概念，要求构建分工协作的社区服务网络。2008年，我国居家养老政策的标志性文件《关于全面推进居家养老服务工作的意见》明确指出，在以社区为依托的居家养老服务发展中应充分发挥市场、社会、家庭的作用；但同时仍然强调政府在服务构建与监管中发挥主导作用，即应积极开发服务、鼓励社会参与、完善政策资金支持以及落实质量监管。

可以看出，在单位解体与社区建设的初期，城市社区养老服务的构建及其资源配置作为社区服务（社区福利供给）的内容之一，长期采用以政府为主导、不断拓展社会服务的路径。

以"多元化"为原则细分资源配置主体（2013年以来）。改革开放，尤其是1992年社会主义市场经济制度确立以来，民政部门加快推进社会福利的社会化进程，并积极发展社会服务产业。这深刻影响了社区养老服务社会化、多元化的发展趋势。《中国老龄工作七年发展纲要（1994—2000）》中提出要"扩大社会化服务范围""扩大老年社会化服务"。例如，针对城市高龄或半失能老人的生活照料需求，明确以大力发展社区服务业为主要解决途径。此后，2006年，《中国老龄事业发展"十一五"规划》明确，构建为老服务体系应坚持国家、家庭、社会和个人等多方责任共同体，并强调从政策扶持、养老服务业、老年用品、老年消费等多维度推进老龄产业发展，以回应老年群体以及家庭养老的多样化需求。

2007年，《民政事业发展第十一个五年规划》从社会福利体系与养老服务体系构建出发，明确要形成以家庭为主体、社区为依托、机构为补充的建设路径与理念。这表明我国在发展社会福利及养老服务过程中，逐渐完成了理念转变，即不再由政府单独支撑或倡导，政府、社会、社区、市场等各个部门都应该作为服务福利责任的主体发挥积极作用。如前所述，2008年《关于全面推进居家养老服务工作的意见》明确提出构建以社区为依托的居家养老服务中心，各级政府应积极推动职能转变，逐步明确其他主体的责任义务。

作为标志性文件，2013年国务院发布的《关于加快发展养老服务业的若干意见》对包括居家养老服务在内的社区养老服务的供给主体与供给形式做出更加细致的规定：（1）明确政府职责，即在养老服务供给中政府应该以企业与社会组织为主体，以社区为桥梁，通过制定支持政策及相关措施，培育、指导养老服务供给企业；（2）鼓励企业与社会组织参与，并详细规定了应在社区设立养老服务中心，鼓励各类社会组织、家政机构、物业等参与服务设施的运营与管理。可以说在这一时期，多元福利主义理论及其权力结构关系已充分展现在社区养老服务资源配置的顶层设计中。

2016年，《城乡社区服务体系建设规划（2016—2020年）》倡导政府主导、社会参与、全民行动相结合的发展理念，在发展原则上要求拓宽社区居民与社会组织的参与渠道。这充分体现了社区养老服务体系构建中的多元化、社会化、民主化发展方向（于建明，2018）。

二　资源配置客体的变迁：由物力到服务向综合的转变

以实物分配为主的资源配置（1949~1977年）。新中国成立以后至改革开放的计划经济时期，政府实行以家庭养老为主，国家、集体给予一定优惠待遇与物质扶持的养老策略。养老服务并未成为一个独立的概念和服务形式，包含在社会福利之内。例如单位，包括政府机关、事业单位及国有企业等作为城市基础生产实体实行生产、流通、消费的一体式闭环管理，即单位承担生活资源分配与社会福利服务供给的职能，能够代替国家为所在管辖区的公民在住房、医疗、养老保险、社会服务等方面提供福利服务（Jie-Hua, et al., 2014）。

由于当时不存在市场竞争与交换的概念，单位型生活保障制度主要是以"按劳分配"为原则，以实物分配与交换的形式落实；内容涵盖从住房、食堂、幼儿园、医务室到超市、学校、交通、水电燃料费等。此外，单位型生活保障制度的对象不仅仅是职工，也包括职工的家属。因此，当时一个个单位实体构建了一个个生产与生活的"小社会"。养老服务也融入单位福利分配机制，并更多以实物与现金的形式呈现。

同时与前述《劳动保险条例》（1951年）相似，政府出台了针对国家机关和国有企业的退休养老保障制度政策，包括《劳动保险条例实施细则》（1953年）、《国家机关工作人员退休处理暂行办法》（1955年）以及《关于精减职工安置办法的若干规定》（1962年）。规定了国家机关人员及国有企业职工的退休养老金发放标准和管理办法，与单位制实物分配一同构建了社会主义养老政策的雏形。

以服务体系构建为核心的服务资源配置（1978~2012年）。改革开放以后，伴随着"单位制"解体，特别是80年代末期开始的社区建设浪潮，1992

年我国建立了涵盖养老、患病、伤残、生育和失业的综合性社会保障制度。同时，社区服务，包括社区养老服务进入体系化构建时期。进入90年代，1993年出台的《关于加快发展社区服务业的意见》与1994年出台的《中国老龄工作七年发展纲要（1994—2000）》对社区居家养老服务体系构建做出明确指示，确立了以日常生活照料、医疗护理、文化体育活动服务、老年人社会参与等为主要内容的构建方针。

进入2000年以后，我国老龄化趋势凸显，长期照护中社区的主体责任被重视和强调（Grol et al.，2021）。1985年，全国老龄委出台《关于老龄工作状况与今后活动计划要点》，提出解决社区养老服务用地与设施问题，要求在全国各地社区广泛设立日间照料中心等。2001年，民政部出台《"社区老年福利服务星光计划"实施方案》，加快推进社区养老服务用地设施建设，计划3年内在全国大中城市的社区内建立3.2万个名为"星光老年之家"的社区日间照料服务设施。这为社区养老服务体系化建设提供了设施用地保障。

以此为背景，2006年，国务院先后发布《中国老龄事业发展"十一五"规划》和《关于加快发展养老服务业的意见》两个文件，对养老服务体系与社区养老服务内涵给予更为详细的内容划分、运营主体规定以及资金来源保障。其中，《中国老龄事业发展"十一五"规划》在老年人社会保障、养老事业基础设施建设、老龄产业、教育与文化生活、老年权益保障、老年社会参与等项目及其实施保障方面做出详细规定。《关于加快发展养老服务业的意见》则针对居家老年人的社区养老服务内容进行分类，包括生活照料类、康复护理类、精神照护类等。

2008年，《关于全面推进居家养老服务工作的意见》出台，首次明确了居家养老的内涵、服务范围以及政府、市场、社会、家庭等各服务供给主体的职责。2011年，国务院出台《社会养老服务体系建设规划（2011—2015年）》，在社区养老服务内容、建设运营主体、供给主体、设施规范等方面进行更加细致、综合的划分。

构建综合系统化的资源配置客体（2013年以来）。在社区养老服务体系不断完善的基础上，政府在资源配置中更加注重对用地、资金、制度等保障措施的建设。2013年，国务院发布的《关于加快发展养老服务业的若干意见》要求到2020年，社区养老服务覆盖全国都市以及90%以上乡镇和60%以上的农村社区；明确了社区养老服务中心的用地基准，并作为政策措施要求完善投融资政策、土地供应政策、税收优惠政策、财政补贴支持以及人才就业政策等。

2019年，国务院出台《关于推进养老服务发展的意见》，要求加强对社区养老服务资源的统筹配置，大力发展社区养老服务网络，繁荣养老服务消费市场，推进社区层面的医养结合，深化"放管服"改革，多元化筹集社区养老资金，开展长期护理保险制度试点，支持整合改造闲置社会资源，围绕社区养老服务落实人才建设与创业服务、推动社区养老服务体系高质量协同发展（钱宁，2015b）。

在此阶段，国家还颁布了一些社区养老服务资源配置专项政策，如2016年的《关于中央财政支持开展居家和社区养老服务改革试点工作的通知》、2017年的《中央财政支持开展居家和社区养老服务改革试点工作绩效考核办法》，尤其是2019年以来，我国明确提出实施积极应对人口老龄化国家战略，先后颁布了《国家积极应对人口老龄化中长期规划》《关于加强新时代老龄工作的意见》等专项文件，为社区养老服务资源优化配置提供配套政策保障。可以说，这一时期，社区养老服务资源配置客体构建呈现综合化系统化的格局。

三　资源配置标准的变迁：由补缺型到保基本向普惠型转变

新中国成立以来，与国家社会变革、经济社会发展相呼应，中国社会保障制度与社会福利建设的理念也在不断变化，这深刻地影响到社区养老服务资源配置的变迁（陈社英，2017）。

补缺型资源配置（1949~1977年）。计划经济时期，无论是城市还是农村，居民的生活资料实施统购统销与配给制度。在城市，单位型生活保障制度可以提供的养老服务主要包括以下两类。一类是根据《婚姻法》《户籍法》针对婚姻义务与家庭赡养责任的法律规定和我国传统孝道文化推行的以家庭养老为主的养老模式，并由单位统一落实生活资料供给、退休金等物质保障以及其他社会福利服务。另一类少数孤寡老年人群体则接受单位统筹安排、社区邻里接济的养老模式或是入住民政部门兜底性运营的敬老院等福利设施。因此，可以看出，计划经济时期的社会保障与社会福利的功能定位与建设理念是补缺性质的。

对于其成因，从历史发展来看，计划经济时期之前我国刚刚结束帝国主义殖民和封建地主买办剥削，面临严峻的贫困问题与贫富差距问题。解决贫困问题需要集体主义社会治理模式与具有空前强大权力的国家政府主导机制介入，推行集中式的经济生产模式与统一式的生产资料再分配。再加上当时我国人口老龄化程度相对较低，无论是城市还是农村，养老服务需求都较小，并且在这一阶段人口流动规模较小，频率较低，这为老年人在地安老、家庭赡养与国家单位的统筹分配提供了相对稳定的客观环境支持与人力资源支撑。因此，作为结果，城市社区养老服务作为社会福利服务的环节之一，融入社会主义制度建设，与集体所有制和全民所有制融合发展，并配合着社会主义计划经济正常运转（杨春榕，2004）。

保基本型资源配置（1979～2012年）。一方面，改革开放以来，单位解体、国有企业的民营化改革彻底瓦解了过去集体主义经济时代"生产+生活"的社会生产与分配的混合体制。市场经济发展逻辑从过去以生产力为中心但遵循平均主义分配转变为追求经济效率，使得传统终身雇佣制度瓦解，企业经营与个人劳动有了自主性。

另一方面，随着社会主义市场经济体制的深入改革，竞争机制、按劳分配的市场运行原则影响着社会福利构建，社会福利、医疗教育等公共事业开始积极引入市场化因素。1993年，党的十四届三中全会通过的《中共中央关于建立社会主义市场经济体制若干问题的决定》中强调将社会保障作为市场经济体系五大支柱之一，即以经济发展系统逻辑构建社会福利观，从弱势群体的生活保障，再到居民生活改善等呈现市场与社会参与的福利服务社会化发展趋势。

然而，由于过于强调市场竞争机制，如1986年劳动契约制度建立，1994年《劳动法》出台，出现了国有企业职工"下岗潮"，给中高龄职工以及已退休职工的养老保障带来巨大挑战。特别是在2000年后我国老龄化进程显著加快，社会福利以及养老服务建设开始重视基层社区的积极作用，社区养老服务在强化政府主导与监管作用的同时，推进构建多元参与发展格局，并以服务体系构建为目标，满足全民养老服务需求。

普惠型资源配置（2013年以来）。改革开放以来市场经济发展、"先富论"导致我国城乡差距、贫富差距与区域发展落差逐步扩大。2003年，SARS危机暴露了我国医疗系统与社会保障系统的不健全，促使社会福利的服务对象逐渐扩大到全体国民，包含从事自由职业的城市居民。同时，2000年以后，我国从社会主义市场经济变革时期转为稳定发展期，2004年，政府在新修订的《宪法》中首次提出"适度普惠型"社会福利理念，即对于年老、疾病以及丧失劳动能力的公民建立基本程度的社会保障制度与物质支援体系。作为普惠型福利建设成果，2014年政府废除二元制并轨的农村养老保险制度与城市养老保险制度，构建了以基本养老保险、企业养老保险、个人养老保险为主体的新的养老保险制度。

在以个人为对象、以普惠与公平为原则的社会保障制度逐渐完善的影响下，社会福利体系构建包括社区服务、社区养老服务体系完善与资源配置模式推行适度普惠型福利理念，对象范围也覆盖城乡各年龄层以及各类健康状况的老年人群。2013年以来，国家加大了对农村社区养老服务体系建设的政策扶持力度。如前述《关于加快发展养老服务业的若干意见》要求社区养老服务到2020年覆盖全国城市以及90%以上乡镇和60%以上的农村社区。在社会福利建设，特别是社区养老服务体系建设中，对政府、市场、社会与家庭各责任主体的职能进行了明确与完善，建立起社会福利多元化的建设机制。

第二节 社区养老服务资源配置的变迁特征

从社区养老服务资源配置在主体、客体与标准方面的发展演变中，可以看出国家在社区养老服务资源配置中的理念变迁，也在一定程度上反映了我国社区养老服务资源配置的基本历史特征。

一 从注重家庭和个人到强化政府在资源配置中的主体作用

计划经济时期，由于社会福利与养老服务的补缺式标准和以物质为主的配置方式，对于大多数老年人而言，养老服务资源特别是涉及长期照护、精神慰藉等精神服务的资源的直接获取主要依靠家庭内部的代际赡养。此外，对于城市职工来说，也只能间接获取退休金等政策保障与单位的物质福利再分配。在这一时期，即强调计划的集体主义经济时期，虽然消解了市场盈利机制，但仍然追求经济超速发展而实行"以生产为中心"的策略。在此背景下，家务劳动被视为"私有领域"，与集体主义生产形成对立面。虽然国家和政府努力对家务劳动的价值性不断进行阐释，并对职工、家属以及农妇在社会主义生产体制中的位置进行诠释，但是这一时期针对包括育儿、养老、家务劳动在内的家庭私有领域的服务支持体系并未得到持续性构建，因此家庭和个人的再生产功能，特别是女性在家庭领域的赡养与抚养责任被强调。

改革开放后，伴随经济体制改革，社会保障制度与社会福利体系的构建逻辑也经历了改变。1992年确立的包含养老保险在内的社会保障制度由以城市正式职工为对象拓展到涵盖农村居民、非正式职工的以全民为对象的保障制度，保险负担方式从过去的政府、国有企业变为政府、企业、个人的模式。此外，相对于20世纪80年代就步入老龄化的发达国家，我国还处于被动适应老龄化阶段，在此背景下养老服务的政策顶层设计与服务体系构建推进缓慢。因此在社会主义市场经济转型时期，仍然强调家庭与老年人的养老服务责任。《中国老龄工作七年发展纲要（1994—2000年）》提出以家庭养老为基础，1996年颁布的《老年人权益保障法》特别规定我国养老推行以"家庭养老为主、社会养老为补充"的基础模式。

由于老龄化进程的加速以及改革开放初期注重市场效应与经济增长、减弱国家调配力度导致的新贫富差距问题，21世纪初期我国政府开始提出"适度普惠型"社会福利理念。社会福利体系中的社区养老服务体系构建也强调政府的主导责任，2011年的《中国老龄事业发展"十二五"规划》亦提出政府引导与社会参与相结合、家庭养老与社会养老相结合的原则。在配置主体与标准走向多元化与综合性的今天，仍然要求政府在企业组织扶持、资金支持、制度保障等方面发挥主导作用。

二　从物质资源配置向综合化资源配置转变

在计划经济时期，养老服务嵌入单位型生活保障制度中，其供给机制具有单一性。同时，城市单位型生活保障制度中养老服务供给集中在物质层面。改革开放后，单位解体与市场经济转型打破了传统养老服务资源配置机制。此外，人口老龄化加快，人口社会性移动加速，独居空巢的老年群体持续增加，需要照护的高龄、半失能与失能老年人数量不断增加等现实状况（Graham et al.，2021），使得养老服务资源的数量、种类以及质量需求不断提升。

在此背景下，《中国老龄事业发展"十一五"规划》要求老年社会保障、老龄事业基础设施建设、老龄产业、老年精神文化生活、老年人权益保障、老年人社会参与等政策机制联动供给养老服务。《中国老龄事业发展"十二五"规划》规定要构建包括老年社会保障、老年医疗卫生保健、老年家庭建设、老龄服务、老年人生活环境、老龄产业、老年人精神文化生活、老年社会管理、老年人权益保障等的综合政策体系。《"十三五"国家老龄事业发展和养老体系建设规划》围绕社区养老服务，提出健全社会保障体系、健全健康支持体系、繁荣老年消费市场、健全养老服务体系、推进老年宜居环境建设、丰富老年人精神文化生活、扩大老年人社会参与、保障老年人合法权益等政策，体现出我国养老服务政策体系的综合性越发明显（钱宁，2015b）。

除了资源配置客体，社区养老服务资源配置的综合化转变还表现在资源配置主体上，形成了政府主导，社会、家庭与个人多方参与的格局。然而由于我国在历史中长期处于国家主义与集体主义时期，民间社会组织与亲属、朋友、邻里等非正式支持的力量较为薄弱，包括养老服务在内的社区服务资源配置主体的多元参与力度与深度仍需政府与市场的支持。

三 从保基本和生存型资源配置向高质量和发展型资源配置转变

无论是计划经济时期还是改革开放向社会主义市场经济过渡时期，单位型生活保障制度下的养老服务资源供给以及社区养老服务体系构建逻辑，呈现出兜底线保生存以及适应新时期经济社会发展转型的保基本特征。随着2000年以来老龄化社会加速发展、以政府为主导的多元化养老服务资源配置结构完善，我国社区养老服务资源配置步入专业化高质量发展新阶段，其主要表现在以下三个方面。

一是积极引入专业力量参与建设运营。2017年《"十三五"国家老龄事业发展和养老体系建设规划》针对社区居家养老硬件设施建设提出了"鼓励有条件的地方通过委托管理等方式，将社区养老服务设施无偿或低偿交由专业化的居家社区养老服务项目团队运营"。

二是推动养老服务标准化建设。主要包括2010年发布、2011年实施的《社区老年人日间照料中心建设标准》，2012年发布的《居家养老服务规范》，2013年发布的《老年人能力评估》，2016年发布、2017年实施的《社区老年人日间照料中心服务基本要求》《养老服务认证技术导则》《社区老年人日间照料中心设施设备配置》，2018年发布实施的《老年人照料设施建筑设计标准》等一系列国家标准或行业标准，北京、江苏、广东等地出台的关于养老服务机构、社区居家养老服务、老年人需求评定、智慧养老等的地方标准，其旨在为我国养老服务体系的规范化发展提供支撑（Liu et al., 2016）。

三是伴随互联网、物联网、人工智能等智慧化科技发展，社区养老服务需求统计、服务监管以及居家养老服务平台建设等方面不断推进智慧化发展。尽管养老服务的具体政策和标准仍需完善和补充，先进养老服务工具在全国范围内仅进行了初步使用，但从发展历程来看，我国养老服务发展理念已从侧重宏观改革转为精细发展。

第三节　社区养老服务资源配置面临的挑战

一　社区养老服务资源配置主体多元但责权边界不清

在计划经济时期，城市职工对养老服务的直接获取一般依靠家庭成员的供给。进入社会主义市场经济以后，一直到20世纪90年代，一方面人口老龄化的趋势初现，另一方面市场经济下社会分工日益细化，养老服务逐渐出现在社会大众视野中，这时我国相关养老服务政策被动应对的弊端逐渐受到重视，1994年，《中国老龄工作七年发展纲要（1994—2000年）》正式印发，提出要在全社会实现老有所为，发挥老年人作用。我国也逐渐转入主动应对人口老龄化发展时期。1996年，《老年人权益保障法》提出要重视家庭赡养和老年人自身作用发挥。这时养老服务责任承担依然体现出以家庭为主的特征，直到2000年出台的《关于加快实现社会福利社会化的意见》提出了"坚持家庭养老和社会养老相结合"（全国老龄工作委员会办公室，2002），由此，我国社区养老服务多元化发展有了发展方向和依据，社会和市场逐渐成为社区养老服务发展重要的资源配置主体。之后，2006年《中国老龄事业发展"十一五"规划》和2011年《中国老龄事业发展"十二五"规划》均提到，坚持构建国家、社会、家庭和个人相结合的养老服务体系（郭林，2019），《"十三五"国家老龄事业发展和养老体系建设规划》进一步明确推动市场驱动的社会力量更多参与养老服务体系构建过程中，充分表明了我国社区养老服务资源配置主体不断多元化的发展历程。

虽然养老服务资源配置主体逐渐多元，但国家、社会、家庭和个人在养老服务中承担的责任和具体的协同机制尚未有效建立，在多元参与的格局下，各方依据自己实际情况对参与程度各有"期待"，"多元共担"养老格局立而不稳（王杰秀、安超，2020）。一是目标设置不同导致政府在行使权力时边界不清。政府决策时常常因不同职能出现多重目标，即受到多元目标的牵制，一方面从保障基本养老服务的角度对相应财政支出进行控制；另一方面希望加大促进养老服务专业化发展的力度从而带来更多就业机会，促进社会经济发展。不同目标取决于问题有待解决的迫切程度和对各部门权责与职能分工决定的多种复杂因素的权衡。因此，基于不同的目标，政府在养老服务领域的职责定位表现出伸缩往复的特点。二是家庭对政府和社会的养老服务期待与实际情况有一定偏差。近年来我国社会对养老服务的认识已逐渐由"传统家庭养老"向"社会化养老"转变，但随着家庭规模变小和"空心化"，子女对于老年人的养老照顾表现出"无奈""无能""无为"（龙玉其、刘莹，2020），对政府存在一定依赖心理，加之很多老年人退休后依然习惯于单位制时期政府包办的社会福利，许多城市社区的老年人群体对政府存在许多期待，包括提供基本养老服务等。三是社会参与的主体能动作用尚未彰显。当前，在社区中，市场化养老服务的有效供给数量较少，很多社会力量充当了养老服务供给的补充者，也乐于成为服务提供者去承接政府此类购买服务，但其本应该成为连接政府、市场和老年人家庭的纽带，这一情况在无形中削弱了社会这一主体在养老服务资源配置中协助和引导服务对象表达需求和有效对接资源的作用，进一步加剧了政府、社会和家庭之间的信息不对称（房莉杰、周盼，2020）。

二　社区养老服务资源配置内容日益丰富但供给不足且结构失衡

我国养老服务经过70多年的发展，从最初仅服务特定老年人的覆盖特殊或困难老年人群体的养老服务发展模式逐步过渡到社区居家相协调、医养康养相融合、机构养老和互助养老相衔接的多样化发展模式。"十二五"时期以来，我国对于养老服务的政策导向开始确立以居家为主、机构为补充的建设思路，并在《中华人民共和国国民经济和社会发展第十三个五年规划纲要》的"健全养老服务体系"一节明确了居家、社区、机构各个养老服务资源的功能和作用，这为构建完善的社会化养老服务资源配置机制提供了依托。

养老服务资源包含政策、资金、人才、监管等多方面的支撑。财力、物力和人力资源供给逐步成为我国养老服务资源供给体系的重要组成部分，形成了稳定的结构。其中，财力资源供给机制包括对公办养老机构和公办社区居家养老服务中心的财政支持，针对公办和民办养老服务机构的增值税、营业税、所得税的优惠，针对社区养老服务机构的增值税、所得税、契税、房产税、土地使用税、不动产登记费、耕地开垦费等的优惠，以及对赡养老人的个人所得税的优惠，对养老服务机构和社区居家养老服务中心的建设与运营的补贴，对老年人的补贴，政府购买养老服务，长期护理保险，社会力量投入资金，等等；物力资源供给机制包括闲置厂房、校舍和乡镇撤并后闲置房屋等闲置资源利用，养老用地、水、电优惠，等等；人力资源供给机制包括专业养老服务人才的教育和培训，志愿养老服务队伍的培育，等等。

但是，我国养老服务资源供给尚存在以下问题。首先，我国在正处于经济社会发展不平衡和不充分的情况下，就迈入老龄化阶段，俗称"未富先老""未备先老"，因此相关各方面投入和保障基础显得十分薄弱。一是资源供给总量不足与覆盖人群不全面的矛盾。一方面，社区养老服务设施的基础硬件和服务能力不足，无法有效满足失能老年人的服务需求。另一方面，城市养老服务资源在分配时就确定了主要面向该地区的户籍人口提供，而不是覆盖常住人口。这样的政策对于国内一些新兴城市特别是深圳这样户籍人口与非户籍人口呈结构倒挂的城市来说，供给总量不足和供给面覆盖不足造成的矛盾显而易见。二是财政支持方式亟待优化与闲置资源有效投入的矛盾。当前养老服务的财税支持体系存在一定失衡，一方面是社会资金投入的盲目性，大批资金选择投入机构而非社区，以及通过重资产形式不断投入先进完善的硬件而缺少对于专业化人才培养的重视。另一方面是政府资金投入的效果呈现不足。王杰秀、安超（2020）在研究中发现，政策财政补贴不能促进养老床位的规模扩张，并通过实证分析提出，政府养老基本财政投入每增加1%仅能使养老床位数量增加0.34%。同时，社会闲置资源也没有充分应用于养老服务资源建设。从地方政府角度来说，闲置资源用于商业开发获得的经济回报明显优于用于社会福利事业，虽然国家在2016年出台了《关于支持整合改造闲置社会资源发展养老服务的通知》，要求整合闲置资源增加养老服务供给总量，推动养老服务发展提质增效，但是各地实施效果不一，有些地方充分利用闲置公房和老旧寺庙等对老年活动中心进行扩建，解决了养老服务设施用地难的问题，但是随着发展的深入出现了诸多问题，主要是由对闲置资源的利用缺乏长远规划和系统性规划以及相应支持措施如简化审批手续、项目倾斜等政策制定未及时跟上导致的。三是养老服务专业人才队伍亟待建设与支持力度欠缺的矛盾。假设按照老年人与护理人员3∶1的比例进行护理人员配置，依据4000万失能老年人的数据来看，我国需要1300余万名护理人员。截至2020年底，在民政部门登记和管理的机构和设施共计229.3万个，职工总数1644.8万人，但其中养老护理员不足四分之一，[①] 缺口较大。其原因有两点，一方面，养老服务在全社会尚未形成"形象认可"，养老服务往往被贴上"苦差事"的标签，无法吸引受教育程度较高的青壮年人员，导致从业人员年龄集中在"4050"，同时专业化培训不足导致整体服务供给市场较为低端，以基本生活照料为主，对于老年人多元化和个性化的服务需求难以有效满足。另一方面，当前的院校培养中对此类人才的培养方向和就业定位不准确，加上以需求为导向的课程体系不健全，教学内容设计的实践应用性不强，师资队伍教学实操的迭代更新不足，由此培养出的学生的"产业适配性"不强，导致就业形势不乐观等。同时，行业整体薪酬待遇环境不佳，受新冠疫情影响，养老院舍实行封闭管理等导致需求群体减少，对产业的盈利也造成一定冲击，许多院舍反映流失了不少护理人员，且大部分护理人员工作时

---

① 民政部：《2020年民政事业发展统计公报》，http://images3.mca.gov.cn/www2017/file/202109/1631265147970.pdf。

长不超过3年。四是监管领域建设空白与政府管理"越位"的矛盾。2019年国家取消了养老机构设立许可，对养老服务事中事后的监管带来了较大压力和风险，但是目前政府对于此领域的监管政策制定尚属空白，基层在执行管理时缺乏有效依据，这对有效监管形成阻碍。同时，养老服务涉及生产、经营、流通、消费各个领域，需要发改、人社、工商、税务、卫生和金融等多部门共同介入协同，但在实际操作中，由于各主体职责定位不清形成许多监管"死角"。政府在进行规划和监管过程中也因为缺少明确的协作机制而担心管得太宽导致抑制市场资源配置能动作用发挥。这些因素都不利于组织效率与服务质量的提升。

三　社区养老服务资源配置目标日益综合化但整合性不足

在计划经济时期，养老服务形态较为单一。改革开放以后，社会主义市场经济不再满足于单一的政策思维，原有针对特殊和困难老年人的机构服务的养老政策不再适应快速发展的经济和人口老龄化进程。在此背景下，从1994年的《中国老龄工作七年发展纲要（1994—2000年）》要求发展老年康复事业，推动相关福利设施建设，到《中国老龄事业发展"十五"计划纲要（2001—2005年）》提出"医疗保健、照料服务、精神文化生活、权益保障"等政策方向，都在直接或间接地对养老服务资源配置的标准建设提出要求。此后，从"十一五"时期到"十三五"时期的老龄事业发展计划纲要都不断提出健全养老服务体系、繁荣老年消费市场、推进老年宜居环境建设、丰富老年人精神文化生活、保障老年人合法权益等。2013年以后，多部门共同出台了公办养老机构改革、政府购买养老服务、开展长期护理保险试点、支持整合改造闲置社会资源、对经济困难的高龄失能老年人给予补贴、农村留守老年人关爱服务、鼓励民间资本参与养老服务业发展和金融支持养老服务业、老年宜居环境建设、健康与养老服务工程建设、规范养老机构服务收费管理、志愿服务制度化、老年优待、养老服务业人才培养、老年法律维权等方面的具体政策规定，同时也制定了相关的标准，可以看到，养老服务资源配置的相关政策体系不断综合化。从1996年出台的《老年人权益保障法》提出为老年人提供几个方面的保障，到党的十九届四中全会公报明确提出要积极应对人口老龄化，并首次提出要加快建设居家社区机构相协调、医养康养相结合的养老服务体系，再到2021年印发的《关于加强新时代老龄工作的意见》明确提出构建社会保障体系、养老服务体系和健康支撑体系，大力发展普惠型养老服务，实现养老服务资源均衡配置，这些反映出我国养老服务资源配置标准逐渐转向综合构建的过程。

但依然可以发现，在社区养老服务资源整合过程中，仍然存在整合结构错位和整合程度不深的问题。养老服务产品归属分类复杂、迭代方式多样，所需要供给的内容也极大地得到丰富，因为缺少规范的整合机制，当前我国社区养老服务资源配置突出地表现出标准定位不清、标准体系结构失衡和标准建构连续性不足等问题。一是事业、产业界定不清导致互相交叉重叠的整合困境。当前，多地的养老服务公共事业有产业化的倾向，例如各地大力推进的公建民营和PPP项目等都在一定程度上推动了社区养老服务市场化，虽说此种做法在一定程度上提高了机构运营效率，但是市场主体逐利的本质让其自然而然地选择提供一些付费的服务而非低偿或无偿的服务从而增加盈利，政府对此类服务的产品定价标准尚未统一，因此原有公共事业服务的基础性和普遍性被弱化。同时，当前公办养老机构无论是从资金投入还是人员专业素质上都处于优势地位，相对于民办机构，其在整体价格和消费人群方面形成了一定竞争优势，也面临一定的供需矛盾。公办机构主要聚焦于"三无"和"五保"老年人群体，市场在赢利驱动下面向有一定经济收入保障且消费意愿强的老年人群，大部分远未达到公办兜底条件但收入又无法支撑市场养老服务的老年人面临养老困境。二是居家、社区、机构有效协同标准缺失的整合困境。虽然从我国养老传统及一系列政策来看，居家养老是当前具有基础作用的一种养老方式，但实际上其基础作用有待加强——通常所说的居家养老服务的基础性与普遍性被冲淡（丁建定、李薇，2014）。对于如何促进家庭照护能力建设、改善家庭护理硬件条件等，许多地方已经开展了相关探索，例如，深圳探索每年培训1万名家庭护老者从而为家庭照护者提供更多的支持，但总体来看，由于尚未构建一套系统性的制度安排，许多城市在此方面一片空白，导致专业养老服务难以"飞入寻常百姓家"，在家庭养老向居家养老的转变中建立了无形的阻隔。同时，社区对资源的整合能力还偏弱，在社区养老服务的语境下来看，社区应当作为居家和机构之间的桥梁和传输带，嵌入专业的养老服务资源并调配到千家万户，而不是作为具体服务的承包商或执行单位。但是目前来看，社区往往被视为举办某项具体养老服务活动的阵地，弱化了社区对于养老服务资源配置的整合功能。加之机构养老无论是床位设置还是人员配备等都更容易被划定在政策支持的范围内，从而吸纳了很多财政资源，导致财政对社区养老服务的支持力度相对较小。这就导致大量城市社区因为土地紧张无法兴建养老机构，大量新增社区养老服务需求无法得到解决。三是医养耦合度不足（张晓杰，2016）。主要体现为"医"和"养"互相转换困难，从"医"向"养"与从"养"向"医"的衔接难以有效建立，难以建立一条垂直的服务路径，同时拉低了供给效率。一方面，国内大部分城市没有建成长期护理保险制度，且医疗保险不面向养老院舍和社区居家养老服务等，因此许多老年人都涌向了被医疗保险覆盖的住院医疗，养老机构的入住率偏低。另一方面，医养融合步履维艰的一个突出原因是"医"和"护"不分，按照国际上的惯例，医、康、养应该各有侧重又互相补位，构建一个边界清晰又能充分协同的格局，一般来说，"医"的应有之义是对突发疾病的诊疗，针对短期和密集的入院治疗患者；"康"和"养"则更多地关注周期较长的身体机能康复和临终阶段的关怀服务。"医"和"康"、"养"融合的前提是确定各自边界，划分好何为"急症医疗"，何为"康复照护"，只有在两种专业服务之间形成良好的互补和转诊机制，才能在此基础上寻找融合的临界点，以此更好地促进医养结合。

第三章
深圳社区养老服务资源配置实证分析

深圳是中国最年轻的城市之一，在全国全面进入老龄化社会的当下，深圳老龄化率仅5.36%[①]，其在推进养老服务体系建设的过程中，既可以充分借鉴国内外的经验和教训，快速构建高质量的养老服务体系，又可以在积极应对人口老龄化国家战略背景下前瞻布局，探索养老服务的可持续发展。此外，深圳城市面积1997.5平方公里，土地空间资源稀缺，发展社区养老服务在当前形势下成为破解深圳养老难题的必然选择，因此，深圳社区养老服务体系建设是深圳贯彻积极应对人口老龄化国家战略的必由之路。

2019年8月以来，中共中央赋予深圳建设"老有颐养"先行示范区的神圣使命，深圳市委、市政府将发展社区养老服务作为重要社会事业、民生工程和实现可持续全面发展的重要内容来抓，深圳养老服务供给侧改革不断深化，高水平、多层次服务体系建设深入推进，社区养老服务资源配置实践既有着我国社区养老服务资源配置的共性，又因其所处的经济社会发展阶段、老龄化发展阶段及政策目标定位具有独特性，可以为我国城市社区养老服务资源配置提供观察的窗口和经验的借鉴。

---

① 《深圳市第七次全国人口普查公报（第四号）——人口年龄构成情况》，http://tjj.sz.gov.cn/ztzl/zt/szsdqcqgrkpc/szrp/content/post_8772119.html，最后访问日期：2024年3月29日。

第一节　深圳社区养老服务供给

一　政府、市场、家庭多主体参与社区养老服务资源配置

深圳市作为我国经济改革的前沿阵地，是中国特色社会主义市场经济最活跃的城市，市场在资源配置中一直起着决定性作用。社区养老服务是民生事业的重要组成部分，深圳市委、市政府高度重视如何发挥资源配置主体的作用。2020年，深圳颁布《深圳市构建高水平"1336"养老服务体系实施方案（2020—2025年）》《深圳经济特区养老服务条例》等文件，明确提出要发挥政府在城市养老服务体系建设中的引导作用，要强化政府兜底线、保基本的职责，要发挥市场在养老服务资源配置中的决定性作用，以市场手段激发社会活力，引导社会力量全面参与养老服务供给，并逐步成为养老服务事业和产业发展的重要支撑。与此同时，要发扬中国家庭传统照顾美德，构建家庭支持体系，不断强化家庭和个人在养老服务资源供给中的第一责任，提升家庭照护能力。

政府在养老服务资源配置中的政策引导作用更加明显。为贯彻落实中央意见精神，加快推进老有颐养建设，深圳出台了《深圳市养老服务设施用地供应暂行办法》《深圳市公办养老机构建设和运营指引（试行）》《深圳市公办养老机构入住评估轮候管理办法（试行）》《深圳市民办养老机构资助办法》《深圳市医养结合试点工作方案》等20余个配套文件，逐步形成了深圳养老服务的"1+N+X"政策体系，政策涉及养老服务体系建设的全链条，覆盖涉及养老的人、财、物等资源配置，为养老服务在空间保障、财政保障、人才保障、机制保障等方面提供了政策依据，有效推动深圳市养老服务实现跨越式发展。

市场在社区养老服务资源配置中的基础作用逐步发挥。一是养老市场主体规模日益扩大，据调研，截至2021年4月，深圳全市工商登记涉老企业6000余家，事业单位12家，社会组织1000余家，业务范围覆盖老年服务全领域。招

商、万科、华润、国寿、深业、泰康、深高速等一批大企业布局养老服务领域。深圳市公建民营和民办养老机构总计59家，占全部养老机构数量的83%，90%以上的社区养老服务设施采取"政府主导、社会化运营"的模式。二是市场化养老服务产品日益丰富，近年来，依托深圳科技创新优势，互联网、物联网、人工智能、生物科技等企业纷纷进入老年健康产业，智能家居、远程看护、智能穿戴产品等得到了快速发展，业已成为深圳大健康产业新的经济增长点。

家庭在社区养老服务资源配置中的基础作用日益增强。为支持家庭履行赡养职责，加强家庭照护能力建设，深圳于2020年开始实施"家庭护老者线上+线下"培训项目，同时深圳市启动全市74个街道线下培训，累计培训1.7万余人次，[1]有效提升了家庭照护能力和照护水平。各区以购买服务方式陆续启动家庭护老者喘息服务和高龄老人巡访服务，减轻了家庭的照护压力。推进家庭养老床位建设，适老化改造有效改善了居家养老硬件环境，养老机构上门开展专业化软性服务，实现"养老不离家、看病不离床"。

二 构建"街道—社区—小区—家庭"四级设施网络

设施建设是深圳养老服务体系建设的重要资源配置，目前，深圳稳步有序开展了"街道—社区—小区—家庭"四级社区养老服务网络建设，建立国有养老服务平台，为老年人提供平价、优质、便捷的"家门口"养老服务。截至2021年6月底，全市有社区长者服务站（社区老年人日间照料中心）115家，星光老年之家583家，长者饭堂及助餐点286家，社区党群服务中心683家。[2]从深圳社区养老服务设施分布情况来看，一是深圳各个社区的养老机构分布零散，且社区间养老机构数量分布不均，部分社区养老机构较多，超过4个。二是深圳社区老年人日间照料中心广泛分布在西部片区、北部片区和中

---

① 《深圳市民政局2021年政协提案答复内容公开》，https://mzj.sz.gov.cn/cn/xxgk_mz/jytabl/zxtabl/content/post_9427208.html，最后访问日期：2024年3月29日。
② 《深圳市民政局2021年政协提案答复内容公开》，https://mzj.sz.gov.cn/cn/xxgk_mz/jytabl/zxtabl/content/post_9427208.html，最后访问日期：2024年3月29日。

部片区。南部片区日间照料中心相对较少，且有很多还没有日间照料中心分布的社区。三是深圳各个社区星光老年之家的数量与其他养老服务设施相比较为均衡，但仍然有部分社区没有星光老年之家。

为解决当前社区老年人就餐难题，深圳将"构建长者助餐体系"作为重点工作，建立完善的长者饭堂和伙食补助制度。调研了解到，超过13万老年人可以享受5元至15元不等的膳食补助。相关数据显示，全市近700个社区中，超过一半社区建设了长者助餐点，部分较大社区建设了4个及以上长者助餐点。到2020年底，深圳已建成375个自助服务点。

深圳近年来持续推进长青老龄大学体系标准化建设，搭建市—区—街—社长青老龄大学网络，将优质教学资源下沉到社区一线，社区老年教育场所分布明显比长者助餐点、星光老年之家、日间照料中心等养老服务设施合理。甚至一些非老龄化社区，也配置了社区老年教育场所。

三　提供"津贴补贴＋医养服务"多层次社区养老服务内容

社区养老服务内容更加丰富。深圳家庭护理服务为城市中的老年人提供家庭护理服务和康复服务。对自理能力较差、残疾、半残疾和重点优待的户籍老年人，政府分别提供价值300元或500元的社区养老服务。每月超过8300名老年人可以享受社区家庭护理服务。罗湖区在落实社区养老服务补贴标准的基础上，为80岁以上登记的老年人每月发放200元家庭优惠券。盐田区将政府补贴标准提高到每月500～800元。

深入实施"银龄安康行动"。深圳自2009年起为户籍老年人购买老年人意外伤害保险，其中统一保险年龄降至60岁，最高赔偿额达10万元，在一定程度上提高了老年人风险防御能力。开展"幸福老人计划"，深圳支持社区、街道等各基层老年协会、老年社会组织举办文体活动，开展多种形式的"老有所学""老有所乐"的老年文体活动，每年有30多万名老年人参加。例如，南山区团委、区义工联合会与区慈善机构联合开展"关爱老人、共同守望"关爱老人志愿者服务项目；盐田区开展"情系长者，关爱备至"长者生日会、

"关怀1+1"社区探访互助等民生微实事项目。

居家、社区、机构医养结合的服务机制初步建立。深圳以推动国家医养结合试点、安宁疗护试点工作为抓手，着力打通医养结合"堵点"、消除"痛点"，通过出台《深圳市医养结合试点工作方案》《医养融合服务规范》等政策及规范，构建"养为核心，医为配套"的医养结合服务体系；推动医养设施邻近规划设置，规定社区老年人日间照料中心和社区健康服务中心两类服务设施邻近设置；加大财政扶持力度，对养老机构已开设、新开设的医疗机构和医疗机构利用非政府资金举办的养老机构等医养结合机构给予一次性资助。构建医养结合机制，初步形成了社区、机构相衔接的多层次医养结合机制，为养老服务高质量发展提供了重要支撑。

高龄老人津贴提标扩面。自2011年1月起，深圳为80岁及以上的户籍老年人提供老年人津贴。80~89岁每人每月200元；90~99岁每人每月300元；100岁及以上每人每月500元。自2016年以来，各区逐步将领取高龄津贴的老人范围扩大到70岁及以上。从2019年10月起，老年人津贴标准调整为：70～79岁每人每月200元，80~89岁每人每月300元，90~99岁每人每月500元，100岁及以上每人每月1000元。目前深圳已实现高龄老人津贴"无感申办＋秒批"，解决了高龄老人津贴申办手续繁杂、核查手段落后等问题，实现零材料提交。

四 形成"建设、管理、服务"养老服务标准体系

养老服务地方标准科学构建。深圳市于2019年对《深圳市养老服务业标准体系》进行了修订，共收录74项养老服务业相关标准，包括国家标准20项、行业标准35项、广东省和深圳市地方标准19项。深圳积极推进养老服务体系相关标准制修订工作，对养老服务体系地方标准制修订项目予以优先支持，在各部门的共同努力下，组织制定和发布了多个养老服务领域的技术标准文件。2020年，深圳制定出台《社区养老服务质量评价规范》，对社区养老服务机构从队伍建设、环境和设施设备、服务内容、机构管理、机构信誉五个方面进行评价，对社区养老服务设施在运营、管理、安全等方面进行全面

规范，为深圳养老服务提供了标准指引。

全市养老服务标准化试点不断开展。在全国居家和社区养老服务改革试点中，深圳开展居家社区"老有颐养"标准体系建设，对深圳市社会福利中心、福田区福安养老事业发展中心、厚德世家养老事业促进中心等养老服务机构标准化建设试点工作进行评估验收，标准化工作取得较好成效。盐田区福利中心获评全国养老服务标准化建设试点。

五　形成"互联网＋科技产品"养老服务支撑

智慧化养老"管理＋服务"平台逐步建立。以方便养老生活和建立精准化养老服务体系为宗旨，深圳整合链接各类养老服务资源，依托平台系统对接老年人的各类服务需求，实现"一体化资源统筹""一站式办理"。深圳自2020年4月开始，面向全市60周岁及以上老年人发行智慧养老颐年卡，整合分散在各个领域的养老服务载体，整合身份识别、敬老、政策补贴支付、银行储蓄、深圳通等多种功能，实现养老服务全领域覆盖。依托智能养老平台和颐年卡媒体，构建"一卡一平台、前卡后平台"的管理服务模式，做到"一卡多用、全市通用"，打造精准化、精细化、智能化、集约化的城市养老模式，大力支持"智慧养老"建设，让老年人享受智慧新生活。

智能养老设备持续配备。深圳为全市6300多名老年人免费配备智能呼救设备。在紧急情况下，老年人只需点击一下即可链接专业服务。鼓励和支持企业开发智能养老设备，支持养老产业发展。2020年，深圳6家科技公司、2个片区、11条街道分别被遴选为国家级智慧健康养老应用示范试点企业、基地和街道。[①]

智慧养老产业不断发展。2020年，深圳编制为老科技产品引导目录，鼓励人工智能、虚拟现实、新型材料等新技术在健康养老服务领域深度应用和推广，支持护理康复机器人、虚拟现实康复训练设备、可穿戴便携式监护设

---

① 《深圳市民政局2021年人大建议答复内容公开》，https://mzj.sz.gov.cn/cn/xxgk_mz/jytabl/rdjybl/content/post_9427181.html，最后访问日期：2024年3月29日。

备、居家养老监护设备等智能养老设备的研发，形成一批高智能、高科技、高品质的老年科技产品，打造老年智能产品和服务创新高地。

第二节　深圳社区养老服务需求

本书利用"深圳市老年人口现状及养老服务需求调查数据"来分析深圳社区老年人口分布与社区养老服务需求情况。在该调查中，对户籍老年人采取普查、非户籍老年人采取抽查，在最终的有效分析样本中，户籍老年人口为31.3万人、非户籍老年人口为11.8万人。根据第七次全国人口普查数据和智慧养老系统数据，截至2020年，深圳户籍老年人口数（35.7万人）少于非户籍老年人口数（57.4万人）。因此，调查的非户籍老年人口数量远低于实际数量，导致总体调查样本无法代表深圳常住老年人口情况。为了充分体现深圳不同行政区以及户籍和非户籍人口特征的差异，对每个样本计算抽样权重，并且所有结果都使用抽样权重进行加权。

根据深圳市不同区以及老年人口户籍状态（深圳户籍和非深圳户籍）计算交叉抽样权重，也就是说，在不同区的权重基础上，再划分各区中不同户籍人口的权重，即在深圳第 d 个区中户籍状态为 r 的老年人口数为 $N_{d,r}$（第七次全国人口普查数据），而对应的第 d 个区中户籍状态为 r 的样本老年人口数为 $S_{d,r}$。

$$w_{d,r} = \frac{N_{d,r}}{S_{d,r}} \tag{3-1}$$

在式3-1中，d 有10个取值（龙华区、龙岗区、光明区、宝安区、坪山区、大鹏新区、盐田区、南山区、罗湖区、福田区），r 有2个取值（深圳户籍和非深圳户籍）。

在计算得到抽样权重后，我们通过R语言的survey包中的anova.svyglm、svychisq以及svyglm对样本数据进行抽样权重加权后的方差分析、卡方检验、逻辑回归以及有序逻辑回归等统计建模计算。

一　社区老年人口分布

深圳市各区社区老年人口分布不均衡，且老龄化社区呈零散分布。原特区内包括南山区、福田区、罗湖区和盐田区，由于开发建设较早，人口集中度高，老年人口分布比较密集，一共有 12 个老龄化社区（60 岁及以上老年人口占比达 14% 以上）。老龄化程度最高的是华强北通新岭社区，60 岁及以上老年人占比为 22.1%。有 84 个社区 60 岁及以上人口达 2000 人以上，占全市社区的 13.4%，这些社区中超过 90% 分布在原特区内，只有不到 10% 分布在原特区外。

80 岁以上高龄老年人是社区养老服务中的高需求人群，对这一人群进行精准分析和把握，对于社区养老服务资源投入与设施建设有着重要的参考价值。调研数据显示，深圳高龄老年人口的分布与老年人口的总体区域分布相似，主要分布在南山区、福田区、罗湖区这些老城区，尤其是福田区，作为深圳早期开发区，高龄老年人达到 500 人的社区有 6 个，高龄老年人达到 400 人的社区有 11 个。

深圳社区老年人口密度高。在人口老龄化方面，与全国和北上广相比，深圳人口老龄化率较低。但是从老年人口分布密度来看，截至 2020 年底，深圳每平方公里常住老年人口数为 471 人，仅次于上海（917 人/平方公里），超过广州（287 人/平方公里）和北京（262 人/平方公里）（见表 3-1）。老年人口分布密度较高，对深圳市养老服务设施和空间用地规划提出了高要求。

表 3-1　北上广深老年人口分布密度

城市	辖区面积 （平方公里）	60 岁及以上常住人口数 （万人）	每平方公里常住老年人口数 （人）
北京	16410.0	429.9	262
上海	6340.5	581.5	917
广州	7434.4	213.0	287
深圳	1997.5	94.1	471

资料来源：根据《北京市老龄事业发展报告(2020)》《上海市第七次全国人口普查主要数据公报》《广州市第七次全国人口普查公报》和《深圳市第七次全国人口普查公报》相关数据计算得出。

二 社区老年人口结构

深圳社区老年人呈低龄化特点。在年龄分布方面，本次调查的老年人平均年龄为68.5岁，70岁以下老年人占比为65.3%。户籍老年人平均年龄为70.3岁，70岁以下老年人占比为55.5%。非户籍老年人平均年龄为67.4岁，70岁以下老年人占比为71.4%。深圳以低龄活力老年人为主，户籍老年人年龄总体高于非户籍老年人。

表3-2 深圳老年人年龄分布情况

单位：人，%

年龄	常住		户籍		非户籍	
	人数	占比	人数	占比	人数	占比
60~69岁	607686	65.3	197884	55.5	409802	71.4
70~79岁	239973	25.8	107636	30.2	132337	23.0
≥80岁	83338	9.0	51278	14.4	32060	5.6

从各区老年人平均年龄情况来看，福田区、盐田区平均年龄最高，均为69.8岁，光明区最低，为67.7岁。其他各区老年人平均年龄情况分别为：大鹏新区69.5岁，南山区69.3岁，罗湖区69.1岁，龙岗区68.1岁，宝安区、龙华区和坪山区均为67.8岁（见图3-1）。总体来看，深圳65~75岁老年人占全部老年人比重达60%以上，这些人虽然进入老年行列，但是身体状况较好，他们对参与社会、发挥作用仍然有着强烈的需求，这就要求在社区养老服务资源配置的过程中，根据当前深圳社区老年人的年龄特点，有序推进社区养老服务资源配置优化，尤其是在参与性设施、娱乐性养老活动等方面要进一步加大建设与投入的力度，引导老年人践行积极老龄化理念。

深圳市社区老年人学历水平较高。在受教育程度方面，拥有大专及以上学历的老年人占比为11.0%，高中/中专学历占比为24.4%，初中学历占比为31.4%，小学及以下学历占比为33.2%（见表3-3）。根据中国老龄科研中心数据，在我国老年人中，大专及以上学历占比为3.1%，初中和高中占

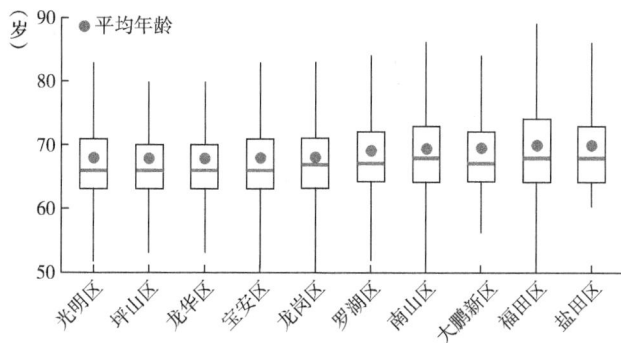

图3-1　深圳市基于辖区的老年人平均年龄分布情况

比为25.8%，小学及以下占比为71.1%（党俊武、李晶，2019）。深圳老年人的受教育程度显著高于全国水平。

表3-3　深圳老年人总体受教育程度

单位：人，%

受教育程度	常住	户籍	非户籍
小学及以下	309298（33.2）	67493（18.9）	241805（42.1）
初中	292244（31.4）	92192（25.8）	200052（34.8）
高中/中专	227434（24.4）	121380（34.0）	106054（18.5）
大专及以上	102021（11.0）	75733（21.2）	26288（4.6）

注：括号内为占比。

深圳户籍老年人高中/中专及以上受教育程度者占比为55.2%，其中，大专及以上占比为21.2%，高中/中专占比为34.0%。非户籍老年群体高中/中专及以上受教育程度者占比为23.1%，其中，大专及以上占比为4.6%，高中/中专占比为18.5%。非户籍老年人受教育程度总体低于户籍老年人。

从各区老年人受教育程度情况看，福田、南山、罗湖三个早期改革开放区的老年人受教育程度总体较高，高中/中专及以上受教育程度者分别占65.7%、54.0%和46.8%；大鹏新区、坪山区和光明区三个新发展区的老年人

受教育程度总体较低，高中/中专及以上受教育程度者分别占18.4%、15.8%
和13.8%（见图3-2）。

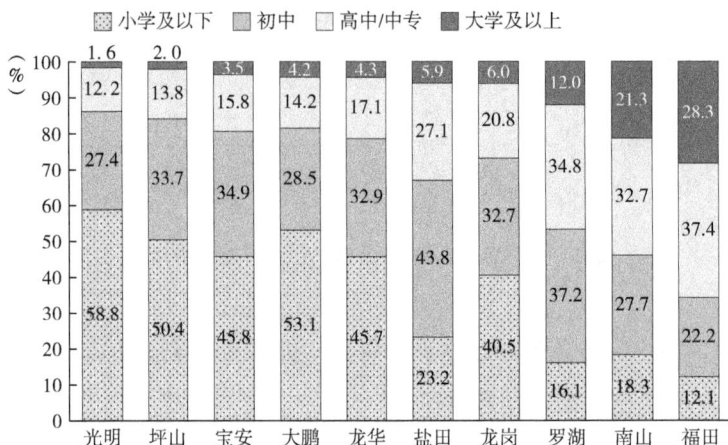

图3-2 深圳各区老年人受教育程度

深圳社区老年人家庭结构。在婚姻状况方面，全市已婚/同居的老年人
占比为87.1%，丧偶的老年人占比为10.2%。户籍老年人已婚/同居的占比
为85.4%。非户籍老年人已婚/同居的占比为88.2%，高于户籍老年人（见
表3-4）。

表3-4 深圳老年人婚姻状况

单位：人，%

婚姻状况	常住	户籍	非户籍
已婚/同居	810804（87.1）	304556（85.4）	506248（88.2）
丧偶	94644（10.2）	40028（11.2）	54616（9.5）
离异	21312（2.3）	10685（3.0）	10627（1.9）
未婚	4237（0.5）	1529（0.4）	2708（0.5）

注：括号内为占比。

在子女数量方面，深圳市老年人平均子女数为2个，其中，养育2个子女
的占比最高，为40.3%，养育1个子女的占比次之，为27.4%。户籍老年人养

育1个子女的占比最高，为39.7%。非户籍老年人养育2个子女的占比最高，为43.1%（见表3–5）。

表3–5　深圳老年人子女数量

单位：人，%

子女数量	常住		户籍		非户籍	
	人数	占比	人数	占比	人数	占比
1个	253530	27.4	140927	39.7	112603	19.7
2个	375511	40.3	128118	35.9	247393	43.1
3个	194716	20.9	52918	14.8	141798	24.7
4个	101668	10.9	31988	9.0	69680	12.1
0个	5572	0.5	2847	0.6	2725	0.4

深圳社区老年人居住结构。在居住状态方面，全市空巢老年人为18.9万人，占老年人口的20.3%。其中，62.9%的空巢老年人为低龄老年人（60～69岁），27.5%的空巢老年人为中龄老年人（70～79岁），9.7%的空巢老年人为高龄老年人（80岁及以上）（见表3–6）。

表3–6　深圳空巢老年人年龄分布

单位：%

年龄	常住	户籍	非户籍
60～69岁	62.9	54.2	74.8
70～79岁	27.5	32.5	20.6
80岁及以上	9.7	13.3	4.6

空巢户籍老年人为11.0万人，占户籍老年人口的30.7%。其中，54.2%的空巢户籍老年人为低龄老年人（60～69岁，），32.5%的空巢户籍老年人为中龄老年人（70～79岁），高龄空巢老年人（80岁及以上）占比为13.3%。

空巢非户籍老年人有8.0万人，占非户籍老年人口的13.9%。与空巢户籍老年人相比，空巢非户籍老年人总体更加年轻，超过七成为低龄老年人

（60～69岁）。

深圳市独居老年人为4.0万人，户籍老年人为1.7万人，占全市户籍老年人口的4.7%。在独居户籍老年人中，60～69岁占比为47.0%，70～79岁占比为31.5%，80岁及以上占比为21.5%（见表3-7）。

表3-7 深圳独居老年人分布情况

单位：%

年龄	常住	户籍	非户籍
60～69岁	64.4	47.0	76.9
70～79岁	23.8	31.5	18.2
80岁及以上	11.8	21.5	4.8

独居非户籍老年人有2.3万人，占全市非户籍老年人口的4.0%。非户籍老年人独居比例低于户籍老年人，主要原因是非户籍老年人多是因家人来深，与子女一起居住的比例高达83.9%，远高于与子女一起居住的户籍老年人比例（66.1%）（见表3-8）。

表3-8 深圳老年人与子女居住情况

单位：人，%

居住情况	常住	户籍	非户籍
一起居住	717819（77.1）	236004（66.1）	481815（83.9）
同城分开居住	170481（18.3）	104527（29.3）	65954（11.5）
子女在省外	17747（1.9）	4753（1.3）	12994（2.3）
子女在省内其他城市（含港澳）	16329（1.8）	5797（1.6）	10532（1.8）
无子女	4362（0.5）	2239（0.6）	2123（0.4）
子女在国外	4259（0.5）	3478（1.0）	781（0.1）

注：括号内为占比。

深圳社区老年人收入结构。在月均收入方面，深圳户籍老年人平均为

5293元。其中，13.2%的户籍老年人月均收入在2000元及以下，57.1%的户籍老年人月均收入集中在2001~6000元，23.1%的户籍老年人月均收入集中在6001~10000元，6.5%的户籍老年人月均收入高于10000元（见表3-9）。

表3-9　深圳户籍老年人月均收入情况

单位：%

收入	占比
2000元及以下	13.2
2001~4000元	28.7
4001~6000元	28.4
6001~8000元	16.2
8001~10000元	6.9
10001~20000元	5.2
20001~30000元	0.9
30000元以上	0.4

深圳非户籍老年人月均收入为2244元，其中，87.2%的非户籍老年人月均收入在4000元及以下，9.4%的非户籍老年人月均收入在4001~6000元，仅0.5%的非户籍老年人月均收入在10000元以上（见表3-10）。户籍老年人的收入水平显著高于非户籍老年人。

表3-10　深圳非户籍老年人月均收入情况

单位：%

收入	占比
2000元及以下	58.4
2001~4000元	28.8
4001~6000元	9.4
6001~8000元	2.2
8001~10000元	0.7
10001~20000元	0.3

续表

收入	占比
20001~30000元	0.1
30000元以上	0.1

从区域分布看，福田、南山、罗湖户籍老年人月均收入位居前列。根据2019年数据统计，全市平均个人养老金是3876元。调查显示，福田区户籍老年人月均收入水平最高，达到6348元，其次是南山区与罗湖区，分别为5628元与5149元（见图3-3）。

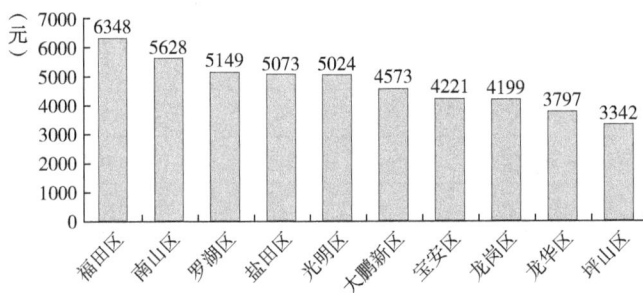

图3-3 深圳市各区户籍老年人月均收入情况

在收入来源方面，深圳老年人收入来源主要是退休/养老金，占比为63.1%，其次是子女赡养费，占比为39.7%。在户籍老年人群体中，超过九成（91.5%）有退休/养老金收入，有子女赡养费的仅占19.0%；与此同时，非户籍老年人群体主要靠子女赡养（占52.6%），有退休/养老金收入的非户籍老年人不足一半（45.4%）。户籍老年人较非户籍老年人退休后的收入更有保障。此外，10.2%的老年人有劳动收入，其中，3.0%的户籍老年人有劳动收入，14.7%的非户籍老年人有劳动收入，非户籍老年人仍面临一定的生存压力（见表3-11）。同时，老年人的继续就业也为后续探索"老有所为"的老年人力资源开发提供了启示（Sainer and Zander，1971）。

表3-11 深圳老年人固定收入情况

单位：%

收入来源	户籍	非户籍
退休/养老金	91.5	45.4
子女赡养费	19.0	52.6
投资或储蓄所得	5.8	6.6
房屋/土地等租赁收入	4.7	1.2
劳动收入	3.0	14.7
政府或集体补贴资助	2.4	1.4
无经济来源	0.6	5.6

深圳社区老年人健康结构。在慢性疾病患病方面，超过六成（62.3%）的老年人患有1种及以上慢性疾病。其中，37.9%的老年人患有1种慢性疾病，20.7%的老年人患有2～3种慢性疾病，3.7%的老年人患有4种及以上慢性疾病（见表3-12）。未来，按照中共中央、国务院《关于加强新时代老龄工作的意见》的要求，要不断加强老年人群重点慢性疾病的早期筛查、干预及分类指导，持续不断地提升老年人健康水平，让老年人享受美好老年生活。

表3-12 深圳老年人慢性疾病患病情况

单位：%

患病数量	占比
0种	37.6
1种	37.9
2种	14.2
3种	6.5
4种及以上	3.7

在具体患病种类方面，高血压是深圳老年人中最常见的慢性疾病。深圳老年人中35.9%患有高血压，其次是糖尿病或血糖升高（13.9%）、骨关节病（13.3%）和高血脂（13.2%）（见表3-13）。

表3-13　深圳老年人患慢性疾病种类

单位：%

疾病名称	占比	疾病名称	占比
高血压	35.9	脑血管疾病	2.2
糖尿病或血糖升高	13.9	肾脏、肝脏疾病	1.7
骨关节病	13.3	癌症等恶性肿瘤	0.8
高血脂	13.2	认知障碍症	0.7
心血管疾病	7.9	失聪/听力衰弱	2.7
胃部疾病或消化系统疾病	4.8	慢性肺部疾病	2.6
青光眼/白内障	3.5		

在健康状况方面，61.5%的老年人认为自己的身体健康状况非常好或比较好，33.0%的老年人认为健康状况一般，仅5.5%的老年人认为健康状况比较不好或非常不好（见图3-4）。户籍老年人认为自己身体状况比较不好或非常不好的占比为7.9%，非户籍老年人的占比为3.9%，非户籍老年人的健康状况较户籍老年人好。

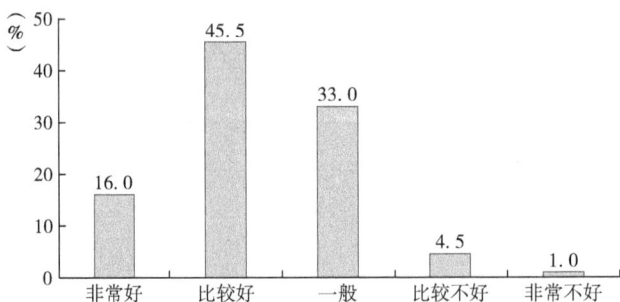

图3-4　深圳老年人身体健康状况自评情况

在生活自理能力方面，深圳失能老年人达5.1万人，占深圳老年人口的5.5%。其中，重度失能老年人6790人，占老年人口的0.7%；中度失能老年人2941人，占比为0.3%；轻度失能老年人41429人，占比为4.4%（见表3-14）。

户籍失能老年人为2.8万人，占户籍老年人口的7.7%。其中，重度失能的户籍老年人为4442人，占户籍老年人口的1.2%；中度失能的户籍老年人为1755人，占户籍老年人口的0.5%；轻度失能的户籍老年人为21454人，占户籍老年人口的6.0%。

表3-14　深圳老年人生活自理能力自评情况

单位：人

失能情况	常住	户籍
轻度失能	41429	21454
中度失能	2941	1755
重度失能	6790	4442

从户籍失能老年人的年龄分布来看，80岁及以上的户籍失能老年人14091人，70～79岁的户籍失能老年人7682人，60～69岁的户籍失能老年人5878人（见表3-15）。

表3-15　户籍失能老年人的年龄分布情况

单位：人

失能情况	60～69岁	70～79岁	80岁及以上	合计
轻度失能	4717	6109	10628	21454
中度失能	358	433	964	1755
重度失能	803	1140	2499	4442
合计	5878	7682	14091	27651

在衰弱程度[1]自评方面，77.5%的老年人自评结果为强壮，15.0%的老年人自评结果为前衰弱，7.6%的老年人自评结果为衰弱（见表3-16）。有研究

---

[1]　此次调查采用中文版FRAIL量表，对老年人的衰弱程度进行评估。衰弱程度是当前判断老年人健康状况的重要指标，它是一种与年龄相关的临床综合征，其核心是随着生理储备的下降，自我平衡机制被破坏，导致机体脆弱性增强、抗应激能力减退。

（刘长虎等，2017；薛梦婷等，2021；赵庆庆等，2017）指出，65岁以上社区居住老年人的衰弱发生率为4.0%～59.1%，平均为10.7%。深圳市老年人衰弱发生率（7.6%）低于全国平均水平。

表3-16　深圳老年人衰弱程度自评情况

单位：%

衰弱情况	占比
强壮	77.5
前衰弱	15.0
衰弱	7.6

从不同年龄段老年人的衰弱程度来看，80岁及以上高龄老年人自评为衰弱的比例达到23.7%，70～79岁中龄老年人自评为衰弱的占比为9.2%，60～69岁低龄老年人自评为衰弱的占比为3.7%（见表3-17）。

表3-17　深圳不同年龄段老年人衰弱程度自评情况

单位：%

衰弱情况	60～69岁	70～79岁	80岁及以上
强壮	82.3	72.9	51.4
前衰弱	14.0	17.9	24.9
衰弱	3.7	9.2	23.7

三　社区老年人养老服务需求

养老服务需求是养老服务供给的基础，养老事业、产业的发展应以老年人需求为导向，加强供需对接，提升养老服务的精准性。本部分将从留深养老意愿、养老模式选择、社区养老服务需求、社区养老服务付费意愿等四个方面呈现深圳老年人的养老服务需求。

留深养老意愿。通过老年人的自述来分析未来社区养老服务设施建设与投入，对于前瞻布局资源配置有着重要的参考意义。由于深圳是一个移民城市，深圳户籍老年人也大多是因为特区建设而来到深圳，成为"深圳人"，而大量的非深圳户籍老年人大多是因为照顾晚辈等原因来深圳，他们还在承担着照顾他人的责任。对深圳常住老年人的留深养老意愿进行调查和分析，可以为判断未来深圳老年人口规模提供依据。调研数据显示，选择留深养老的老年人占深圳老年人口的64.0%，还有36%的老年人选择不在深圳养老（见图3-5），这既有传统文化的影响，也有深圳当前养老服务设施不完善、养老服务成本高、养老文化未形成等多种因素的影响。

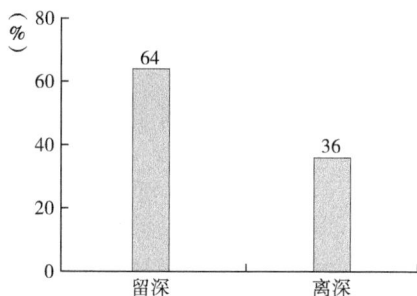

图3-5　深圳老年人留深养老意愿情况

其中，户籍老年人和非户籍老年人选择留深养老的比例分别为88.4%和48.9%。户籍老年人选择留深养老的比例明显高于非户籍老年人，但仍然有11.6%的户籍老年人选择离深养老，相对而言，近一半非户籍老年人选择留深养老（见表3-18）。

表3-18　深圳老年人留深养老意愿情况

单位：%

身份状况	留深	离深
常住	64.0	36.0
户籍	88.4	11.6
非户籍	48.9	51.1

因不同原因来深的老年人选择留深养老的比例均高于50%，从高到低依

次为因工作来深（85.9%）、土生土长（80.7%）、因家人来深（71.4%）、来深旅居（57.1%）（见表3-19）。因工作来深选择留深养老的老年人比例最高，其可能的原因在于这部分老年人多为第一代"拓荒牛"，来深年限较久，年龄相对较大，且大部分为户籍老年人。而因家人来深的老年人流动性较大，受生活习惯、社会保险等因素影响，在选择养老地区时存在不确定性，导致选择离深养老的比例较高。

表3-19 不同原因来深老年人留深养老意愿情况

单位：%

身份状况	留深	离深
土生土长	80.7	19.3
因工作来深	85.9	14.1
因家人来深	71.4	28.6
来深旅居	57.1	42.9
其他	78.0	22.0

随迁老年人选择留深养老的比例为49.0%，高于非户籍老年人平均水平（48.9%）（见表3-20）。户籍随迁老年人选择留深养老的比例为85.6%，非户籍随迁老年人选择留深养老的比例为43.2%。随迁老年人多因家人来深，因此近一半的随迁老年人倾向于留在深圳与家人共同生活，同时，随着户籍迁入深圳，他们的留深养老意愿更加强烈。随迁老年人是深圳养老事业需进一步关注的群体。

表3-20 深圳随迁老年人留深养老意愿情况

单位：%

随迁类型	留深	离深
常住随迁老年人	49.0	51.0
户籍随迁老年人	85.6	14.4
非户籍随迁老年人	43.2	56.8

养老模式选择。调查数据显示，在养老模式选择方面，选择社区养老的老年人占比为93.3%，选择机构养老的占比为5.0%，选择其他模式的占比为1.6%（见表3-21）。老年人养老模式选择与"9073"[①]养老服务格局基本吻合，社区养老仍是老年人养老模式的主要选择。

表3-21　深圳老年人养老模式选择情况

单位：%

模式	占比
社区养老	93.3
机构养老	5.0
其他	1.6

在选择社区养老的老年人中，选择在家庭、社区长者服务站和街道长者服务中心养老的老年人占比分别为81.1%、9.2%和2.9%，家庭养老仍是老年人的主要选择（见表3-22）。

表3-22　深圳老年人社区养老服务场所选择情况

单位：%

场所	占比
家庭	81.1
社区长者服务站	9.2
街道长者服务中心	2.9

高龄、失能老年人选择机构养老的占比分别为6.3%和9.9%。从年龄角度来看，高龄老年人（80岁及以上）选择机构养老的比例为6.3%，高于低龄老年人（60~69岁，4.9%）和中龄老年人（70~79岁，5.0%）（见表3-23）。高龄老年人选

---

① "9073"养老模式又叫国家"9073"工程。早在《上海市老龄事业发展"十一五"规划》中，上海就率先提出"9073"养老模式，即90%的老年人由家庭照顾，采取以家庭为基础的居家养老；7%的老年人享受社区居家养老服务，社区提供日间照料；3%的老年人享受机构养老服务。

择机构养老的比例明显高于中低龄老年人。高龄老年人选择在社区长者服务站养老的比例为7.5%，低于低龄老年人（9.5%）和中龄老年人（9.1%）（见表3-24）。

表3-23　深圳不同年龄段老年人选择机构养老情况

单位：%

年龄	占比
60～69岁	4.9
70～79岁	5.0
80岁及以上	6.3

表3-24　深圳不同年龄段老年人选择在社区长者服务站养老的情况

单位：%

年龄	占比
60～69岁	9.5
70～79岁	9.1
80岁及以上	7.5

从老年人自理能力角度来看，失能老年人选择社区养老的占89.1%，选择机构养老的占9.9%；自理老年人选择社区养老的占93.6%，选择机构养老的占4.8%（见表3-25）。

表3-25　深圳失能、自理老年人养老模式选择情况

单位：%

养老模式	自理老年人	失能老年人
社区养老	93.6	89.1
机构养老	4.8	9.9
其他	1.7	1.0

空巢、独居老年人选择机构养老的占比分别为6.5%和7.9%（见表3-26）。从居住状态角度来看，6.5%的空巢老年人选择机构养老，7.9%的独居老年人选择机构养老。独居老年人的机构养老意愿高于空巢老年人，且两类群体的

机构养老意愿均高于全市老年人机构养老意愿的平均水平（5.0%）。

表3-26　深圳空巢、独居老年人机构养老模式选择情况

单位：%

类型	占比
常住老年人	5.0
空巢老年人	6.5
独居老年人	7.9

月收入8000元以上的老年人选择机构养老的占比为8.4%。从经济收入角度来看，不同月收入老年人选择机构养老的比例从低到高依次为：2000元及以下（3.7%），2001~4000元（5.5%），4001~6000元（5.9%），6001~8000元（6.4%），8000元以上（8.4%）（见表3-27）。随着月收入水平的提升，选择机构养老的老年人比例呈上升趋势。

深圳市社区养老服务需求表现出多元化特点。老年人对不同服务内容的选择比例从高到低依次为：健康管理和指导（31.0%）、康复护理（20.8%）、长者助餐（20.4%）、养老咨询（19.6%）、权益保障（18.9%）、智能手机培训（13.3%）、家庭照护知识培训（13.0%）、家庭适老化改造（12.4%）、心理疏导（11.5%）、长者助浴（10.7%）、上门巡访（9.7%）、家庭养老床位（8.8%）、老年生活辅具租赁（8.6%）、日间托管（7.5%）、喘息服务（7.4%）（见图3-6）。

表3-27　深圳不同收入水平老年人机构养老选择情况

单位：%

月收入水平	占比
2000元及以下	3.7
2001~4000元	5.5
4001~6000元	5.9
6001~8000元	6.4
8000元以上	8.4

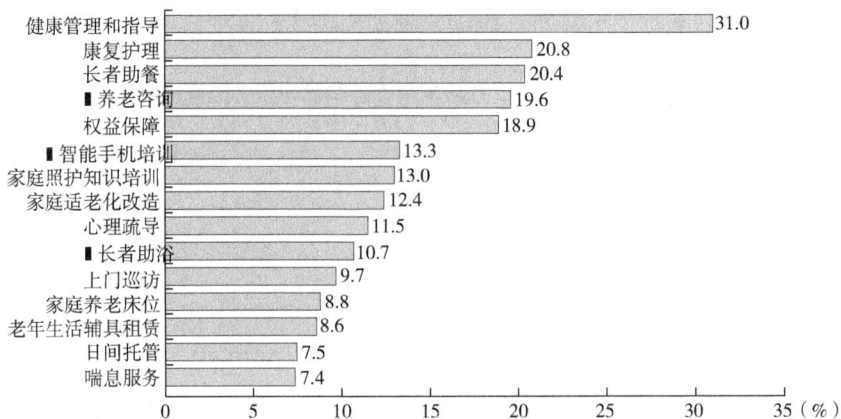

图3-6 深圳老年人社区养老服务需求情况

老年人对社区养老服务中的健康管理和指导、康复护理、长者助餐三项服务需求相对突出，对喘息服务、日间托管、老年生活辅具租赁服务需求相对较小。

对于失能老年人而言，对不同社区养老服务内容的选择比例从高到低依次为：康复护理（49.1%）、健康管理和指导（48.8%）、家庭适老化改造（42.5%）、长者助餐（40.4%）、养老咨询（39.9%）、权益保障（39.1%）、老年生活辅具租赁（38.5%）、上门巡访（38.3%）、家庭养老床位（37.7%）、长者助浴（35.0%）、家庭照护知识培训（34.2%）、日间托管（33.9%）、喘息服务（33.2%）、心理疏导（33.2%）、智能手机培训（28.5%）（见图3-7）。

失能老年人对各类社区养老服务的选择比例明显高于深圳老年人总体选择比例，且在康复护理、健康管理和指导、家庭适老化改造、长者助餐四个方面服务需求相对突出，对智能手机培训、心理疏导、喘息服务的需求相对较小。未来深圳应根据中共中央、国务院《关于加强新时代老龄工作的意见》的要求，加强对失能老年人的长期照护服务和安全保障，逐步构建从家庭照护、社区照护到机构照护相衔接的长期照护服务体系。

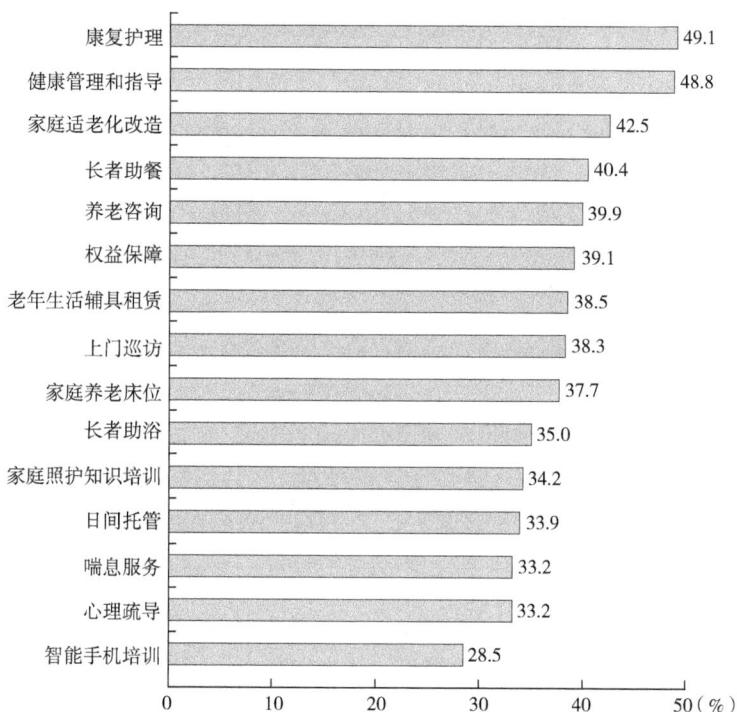

图3-7　深圳失能老年人社区养老服务需求情况

对于高龄老年人而言，对不同社区养老服务内容的选择比例从高到低依次为：健康管理和指导（38.5%）、康复护理（31.5%）、养老咨询（31.1%）、长者助餐（30.2%）、家庭适老化改造（30.0%）、权益保障（29.8%）、上门巡访（24.5%）、家庭养老床位（23.2%）、老年生活辅具租赁（22.7%）、家庭照护知识培训（22.5%）、心理疏导（20.8%）、日间托管（19.7%）、智能手机培训（19.4%）、喘息服务（19.0%）、长者助浴（18.8%）（见图3-8）。高龄老年人对各类社区养老服务的选择比例略高于深圳老年人总体选择比例，且对健康管理和指导、康复护理、养老咨询、长者助餐四项服务的需求相对突出，对长者助浴、喘息服务、智能手机培训的需求较小。

在社区养老服务付费意愿方面，每月愿意承担500元及以下的社区养老服务费用的老年人占比为62.4%，501~1000元占比为20.5%，1001~2000元占比为9.9%，2001~3000元占比为4.1%，3001~4000元占比为1.8%，4000

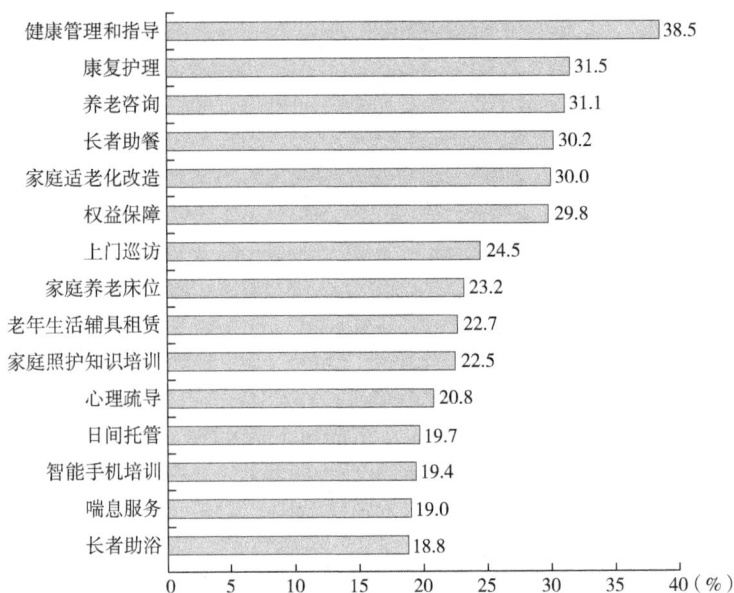

图3-8 深圳高龄老年人社区养老服务需求情况

元以上占比为1.2%。结果显示，虽然老年人倾向于社区养老，但对社区养老服务的付费意愿较低，六成老年人的社区养老服务付费意愿在500元/月及以下，付费意愿超过2000元/月的老年人比例仅为7.1%，随着支付金额的提升，老年人的社区养老服务付费意愿逐渐降低（见表3-28）。

表3-28 深圳老年人社区养老服务付费意愿

单位：%

付费区间	占比
500元/月及以下	62.4
501~1000元/月	20.5
1001~2000元/月	9.9
2001~3000元/月	4.1
3001~4000元/月	1.8
4000以上元/月	1.2

第三节　深圳社区养老服务资源配置特征及主要问题

一　深圳社区养老服务资源配置的特征

社区养老服务资源配置主体。由上述分析可知，社区养老服务资源配置的主体是多元化的，主要包括政府、社会、市场、社区、家庭和老年人本身。

为了深入了解深圳社区养老服务资源配置主体，笔者开展了深圳社区养老服务主体的走访调查，主要涉及的政府养老服务主体包括深圳市—区—街道三级，社会则主要涵盖部分养老服务相关社会组织，市场则主要包括营利性社区养老服务企业和金融机构（见表3-29）。

表3-29　深圳社区养老服务资源配置主体

主体	政策要素
政府	深圳市—区—街道各级政府机构
社会	深圳各级别养老服务相关社会组织、红十字会、民非组织等
市场	社区养老服务企业、保险机构、金融机构
家庭	老年人及其家庭成员

社区养老服务资源配置客体。城市社区养老服务资源包括人、财、物、信息等各类资源。考虑到深圳养老服务资源统计口径不一的现实因素，为提升资源配置客体资料搜集的可行性，将各个社区上报的各类养老服务设施纳入本概念统计范畴。各类养老服务设施主要包括社区级养老服务机构、社区日间照料中心、星光老年之家、社区长者助餐点、社区老年教育场所等。同时要求各个社区内各个养老服务设施上报其内部养老服务人、财、物、信息等各类资源。各社区养老服务资源配置客体内容和分类如表3-30所示。

表3-30   深圳社区养老服务资源配置客体

资源类型	内容和分类
人力资源	社区养老服务机构内管理人员、专业技术岗员工、一线护理人员、后勤工人
财力资源	场地；年租金；运营经费
物力资源	社区级养老服务机构、社区日间照料中心、星光老年之家、社区长者助餐点、社区老年教育场所；养老床位
信息资源	监测产品；监测平台

社区养老服务资源配置标准有待完善。深圳市在社区养老服务资源配置方面缺乏统一规划，缺乏社区养老服务资源配置的详细标准，就目前深圳的实际情况来看，仅在《关于加强城市社区建设工作的意见》《深圳市城市规划标准与准则（2021年）》《社区老年人日间照料服务规范》《深圳市构建高水平"1336"养老服务体系实施方案（2020—2025年）》政策文件中对社区养老服务资源配置进行了相关规定，但是规定不够详细。

深圳各区自主探索、建设和管理社区养老服务资源。深圳部分区出台了社区养老服务资源配置相关的政策文件，社区养老服务设施的规模、服务对象、服务内容、补贴标准等的规定均有所不同，造成了现阶段各区在社区养老服务资源优化配置的过程中存在较大的差异。深圳社区养老服务资源配置标准相关政策文件有待进一步完善，需进一步明确社区养老服务资源优化配置的标准（皮勇华、倪赤丹，2021），2001年以来深圳出台的社区养老服务资源配置标准相关政策文件及主要内容如表3-31所示。

表3-31   2001年以来深圳社区养老服务资源配置标准相关政策文件

序号	时间	颁布单位	名称	主要内容
1	2001年7月	深圳市人民政府	《深圳市老龄事业发展"十二五"规划》	实施好"社区老年福利服务星光计划"。主要任务是：在城市，以社区为依托，建设社区老年福利服务设施和场所。各区都要建成1家老年活动中心
2	2002年	深圳市人民政府	《关于加强城市社区建设工作的意见》	实施社区老年福利服务星光计划，建立和完善市、区、街道、社区四级服务网络，整合社区资源，为社区照料提供活动载体，为老年人活动提供必要的场所

续表

序号	时间	颁布单位	名称	主要内容
3	2004年3月	深圳市人民政府	《深圳市城市规划标准与准则》	每千名老人（60岁以上）拥有的养老服务机构的床位数宜保持在20张左右；建立市—区—街道—社区四级养老服务网络
4	2010年8月	深圳市人民政府	《深圳市城市总体规划（2010~2020）》	落实以人为本理念，建设宜居社会环境。科学合理统筹规划安排布局与人民群众息息相关的医疗、教育、市政等全方位的公共服务设施
5	2011年3月	深圳市民政局	《深圳市民政事业发展第十二个五年规划》	合理布局老年人日间照料中心和养老院，鼓励和支持社会资本举办社会福利机构，健全补贴机制，落实土地、税收和政府资助等优惠政策。到2015年，每千名户籍老人拥有机构养老床位数达到40张
6	2015年6月	深圳市民政局	《深圳市养老设施专项规划（2011~2020）》	从管理服务设施、文化娱乐设施、医疗卫生设施、社会福利设施方面，对便民服务站、文化活动中心（含老年大学）、老年护理院、养老院、社区老年人日间照料中心等服务设施进行了规定，提出了各类养老设施的建筑面积、用地面积、服务规模、配置规定等要求
7	2017年5月	深圳市市场监督管理局	《社区老年人日间照料服务规范》	社区日间照料中心应依照床位数配备相应的养老服务工作人员，养老护理员按照服务自理老人1:10，半自理老人1:6，全护理老人1:3的比例配备；护士（专职/兼职）、司机、营养师、康复师、厨师每个服务机构应至少配1人，专职或兼职社工应配2名及以上
8	2020年7月	深圳市政府办公厅	《深圳市构建高水平"1336"养老服务体系实施方案（2020~2025年）》	1. 2022年底前，每个区至少建成一家区级兜底保基本型养老机构。 2. 街道长者服务中心建筑面积原则上不少于1000平方米，托养床位不少于30张，2025年底前，全市街道长者服务中心实现街道全覆盖。 3. 各社区新设立的社区长者服务站，建筑面积原则上不少于750平方米。2025年底前，全市老龄化社区实现社区长者服务站点100%全覆盖。 4. 在住宅小区（片区）设立长者服务点，为居家养老机构上门服务提供场地和服务支持，为特殊困难家庭提供帮助和链接服务。 5. 各街道依托街道长者服务中心、社区长者服务站等场所，或利用存量资源改造、建设社区长者食堂

二 深圳社区养老服务资源配置中的主要问题

相对而言，深圳的人口老龄化程度不算严重，养老服务需求也不像北上广等城市般迫切，但由于地区发展不均衡、人口结构差异明显，深圳的社区养老服务在地域分布、服务内容、服务品质等方面存在供需错位的矛盾，可能在不久的将来面临需求暴增与供应不足的巨大挑战。

城市人口结构年轻，配置主体对养老共识程度不高。资源配置主体对老龄化形势认识不统一。首先，对老有颐养的定位认识不统一。作为中国特色社会主义先行示范区，深圳肩负着建设"老有颐养"民生幸福标杆城市的光荣使命，意味着深圳的养老服务要实现更高质量的发展，实现"老有颐养"是社会主义制度的优越性、共同富裕的重要体现，具体落实在养老服务对象的保障范围、保障内容和保障层次等方面。其次，对养老工作统筹层次不高。目前全市的老龄工作仍由分管卫生健康部门的副市长牵头，对养老工作未能单独建立联席会议制度。党的十九届五中全会明确将积极应对老龄化上升为党和国家的中心工作之一，在此基础上，中央结合新形势新任务对新时代老龄工作提出了"党政主要负责人亲自抓、负总责"的具体要求，深圳养老工作管理机制已经不适应"老有颐养"先行示范区的建设目标和新时代老龄工作的发展要求。

体制机制壁垒导致资源配置主体协作难。一是养老事业涉及20多个职能部门，民政部门在牵头推进工作过程中面临复杂的协调程序。在"民生七优"目标的发展排序上，客观来看，"老有颐养"的关注程度和财政投入相对靠后。重大建设项目难以快速推动，周期相对较长，养老服务政策从研制到出台，部门共识难以快速达成。在政策研制和工作开展方面，"单打独斗"的情况普遍存在，政策和工作的协同性有待增强，信息互通、资源共享不足。二是深圳尚未出台家庭发展支持、社区养老服务资源配置保障等相关政策，阻碍了社区养老服务资源配置主体协同共治和养老服务整合供给。深圳老龄化治理的顶层设计尚未成熟，还存在很多社区治理空白。虽然深圳在养老服务体系建设的顶层设计方面进行了初步构建，但是养老服务协同共治的体制机制还不完善，老年人及其家庭的获得感还不强。三是社区养老服务资源整合的规划意识与灵活机制依旧缺乏（Tasoulas et al.，2018），专业养老机构、家政公司、商超、志愿者组织等尚未实现有效联动，无法形成既发挥各自优势，又功能互补、紧密的养老服务网络。日趋加快的人口老龄化与"在地养老"意愿要求社区居家养老服务在体制机制、要素支持、业态模式等方面创新，以此回应并满足人民群众对养老服务的新需求和新期待。

社区养老服务定位模糊导致能动性不足。深圳社区养老服务体系面临着各类养老相关服务定位模糊、能动性不足等问题。一是社区老年人日间照料中心的服务对象以社区内失能、半失能老年人为主，提供日托、生活照料、居家养老服务等多样化养老服务，但因缺少接送服务、医疗服务及专业化程度低、定价偏高等，失能、半失能老年人难以享受日间照料服务。社区老年人日间照料中心基本成为健康老年人的活动场所，这与其建设初衷相背离。二是社区居委会作为基层自治组织，承担了各种各样繁杂的工作，工作人员对社区养老服务建设工作投入的时间和精力非常有限，难以发挥出主观能动性。

社区养老服务起步较晚，配置内容体系不全。养老服务设施覆盖不足，深圳共辖74个街道662个社区，目前，全市街道长者服务中心仅有18家，社区长者服务站和社区老年人日间照料中心仅有121家，社区长者食堂及助餐点313家（受疫情影响部分未实际运营）。调查显示，现有社区养老服务覆盖窄、设施使用率不高，接受过社区居家养老服务的老年人仅占13.7%，使用过日间托管服务的仅占5%。符合长者助餐条件的老年人多达14.9万人，而实际使用助餐服务的仅有1.4万人，助餐服务覆盖范围过小。

专业养老服务供给不足。与机构养老相比，社区居家养老服务的内容、质量差距较大，老年人最迫切需要的保健、康复、护理、心理等专业服务供给不足。从全市老年人口现状与养老服务需求调查数据可知，高龄老年人社区养老服务需求由高到低（前五位）依次是健康管理和指导（38.5%）、康复护理（31.5%）、养老咨询（31.1%）、长者助餐（30.2%）、家庭适老化改造

（30.0%）；失能老年人社区养老服务需求由高到低（前五位）依次是康复护理（49.1%）、健康管理和指导（48.8%）、家庭适老化改造（42.5%）、长者助餐（40.4%）、养老咨询（39.9%）。低龄活力老年人对老年教育需求较大，社区老年人希望能够学习的知识由高到低（前五位）依次是养生保健类（47.5%）、体育舞蹈（33.0%）、文化艺术（25.4%）、时政历史（23.8%）、生活美学（11.6%）。

养老服务行业招人难、留人难。养老从业者劳动时间长、强度大、报酬低，职业晋升空间小，职业认同感弱，导致护理人员流动性大，招人难、留人难问题突出。一是养老护理员来源不足，养老机构难以招到适合的养老护理人员，加上养老行业总体上赢利能力较差、服务收费水平不高，难以承受较高的用人成本（Snell，1985）。招人留人十分困难，同时因职称评审等条件限制，更无力招收医疗、康复、心理等方面的高素质专技人才。从调研的25家深圳养老机构来看，63.16%的养老机构养老护理员月薪不超过5000元，薪酬在5000~6000元的占比为36.84%。养老护理员年龄偏大，平均年龄为46.21岁；学历水平较低，初中及以下的占比达65.36%，高中、中专及技校占比29.05%，大专及以上占比5.59%。即使千方百计招到人，流失率也比较高。从调研的25家深圳养老机构来看，2020年人员平均流失率为26.1%，流失率最高的养老机构达到70.0%。

社区适老环境亟待改善。社会环境的适老化改造是积极应对人口老龄化的重要内容。深圳原特区内老旧住宅多建于1982~1999年，大部分是7~8层无电梯建筑。随着住户年龄增大，"上不去、下不来"已成为老旧小区老年居民天天面对的难题。根据市住建局数据，全市共计1591个小区12559个单元符合既有住宅加装电梯要求。目前，全市完成既有住宅加装电梯的有62个小区242个单元，仅占符合条件小区的3.9%。截至2023年底，深圳已累计完成老年人居家适老化改造10000户。[1]实际享受家庭适老化改造的老年人占符合条

---

[1]《深圳居家适老化改造惠及长者家庭超一万户》，https://mzj.sz.gov.cn/gkmlpt/content/11/11111/mpost_11111655.html#609，最后访问日期：2024年3月29日。

件老年人的比例不到7%，还需进一步加大适老化改造力度。

城市空间集约与区域性不平衡，服务资源供需脱节。养老服务设施布局与社区老年人口分布错位，深圳养老设施仍存在规划地块与老龄人口分布不匹配，"哪里有地落哪里"，社区养老服务设施规划层次不分明，尤其是中心城区社区养老用房保障不足。虽然部分区开始试点"四同步"政策，保障新建住宅小区保留公配物业用于养老服务，但导致老旧小区老年人集中却"无地可建"，新建小区老年人较少却密集建设的供需"错位"。社区养老服务设施布局与老年人"在地养老"意愿矛盾凸显。深圳各区域经济发展与人口分布特点不同，各社区土地资源配置不一。早期来深的建设者和移民者集中居住在中心城区、老旧小区，并已步入老年行列。然而，受住房、商业及公共生活文化服务等用地影响，土地空间保障不足，部分社区养老服务设施用地难以落实，出现老年人集中却"无地可建"的问题。与之相对，非中心城区、新建小区老年人较少却密集建设。

养老服务资金投放不足与筹资渠道多元化错位。深圳社区养老服务的资金来源以养老相关企业资金投入、社区自行筹集为主，政府财政补贴、社会捐赠等为辅，总体资金较少，政府财政补贴力度不够。而养老企业投入大、回本周期长、盈利空间小，往往入不敷出、盈利困难，很多小规模的养老企业更是无法长久生存，导致了社区养老服务资源的减少和不足。社区在养老服务供给的过程中缺少与公益组织、社会组织的有效合作，使得社区养老服务的财力资源基本依靠政府财政补助，缺少自发的生机，难以形成有活力、多渠道的社区养老服务资金筹集体系，对社区养老服务资源的优化配置造成了一定的挑战。

社区养老服务供给单一化与服务需求多样化错位。优质服务供给不足与居民高品质生活期待的矛盾明显。随着20世纪六七十年代出生的人群逐步步入老年，老年人的需求结构由物质满足型向精神追求型、享受型转型。但目前社区养老服务供给集中于保底服务，缺乏市场需求和个性化要求细分。服务机构定价高与老年人支付能力低的矛盾突出。深圳社区养老服务机构由于运营成本高，床位、伙食、护理收费较高。2021年，深圳老年人口养老服务需求基线调研数据显示，虽然老年人倾向于社区养老，但对社区养老服务的付费意愿较低，高于60%的老年人社区养老服务付费意愿在500元/月及以下，付费意愿超过2000元/月的老年人比例仅为7.1%，随着支付金额的提升，老年人的社区养老服务付费意愿逐渐降低，从而导致了养老服务机构可持续发展难，社区养老服务机构普遍盈利难。同时，老年人及其家庭获得感低，认为养老服务价格高，住不起、用不起。

社区养老服务发展基础较弱，配置标准规范不足。科学可操作的普适性资源配置标准缺乏，尽管深圳已经尝试探索建立了社区养老服务设施配置系列标准，但科学、可推广、可复制的普适性社区养老服务资源配置标准和政策尚属空白。深圳在多个养老服务相关政策文件中提及社区养老服务设施配置的具体要求，但系统的社区养老服务资源配置标准、配置依据以及配置之后的优化评估机制缺失。深圳整体及各区尚处在自主探索社区养老服务资源配置阶段，导致深圳各区域社区养老服务资源配置情况、配置效果及居民对社区养老服务的评价参差不齐。这种现象的存在，一方面来自深圳养老服务事业发展与社会经济发展不同步不匹配给社区养老服务体系建设带来的压力，另一方面由于社会对积极健康老龄化缺乏共识、老年人需求复杂、社会治理有待加强等给社区养老服务事业发展带来的巨大冲击。

精确的社区养老服务供需统计数据缺乏。掌握和分析社区老年人口规模、密度、老龄化程度等指标数据，是开展社区养老服务资源配置的重要依据。然而当前深圳尚未建成系统的养老服务与管理智慧化平台。准确的老年人口统计数据和社区养老服务资源统计数据缺乏，尤其是非户籍、失能失智、流动性老年人口及其养老服务需求数据不足，导致各类老年人的数量和地理位置无法确定，进而导致社区养老服务设施、人才、资金、信息等服务资源优化配置寸步难行。

社区养老服务政策不完善，配置保障力度不足。政策制度保障不足，政策、制度体系不健全是深圳社区养老服务资源配置问题滋生且得不到解决的重要原因。由于缺乏系统的社区养老服务事业发展规划，资源配置专项规划，配套的人、财、物、信息、文化保障制度，社区养老服务资源结构调整难以在政策层面得到保障和支持。除了政策制度，社区养老服务还需要法律法规的强力支持和全面维护。现有的养老服务政策体系不健全导致社区养老服务工作难以依法开展，主体职能不明确、主体权责不统一，造成社区养老服务资源配置主体协同共治难、居民养老服务需求得不到及时反馈。这在一定程度上将影响社会的长治久安，不利于和谐社会的可持续发展。

组织保障不足。社区养老服务体系建设、社区养老服务资源的调配离不开政府、社区各部门的协同共治。以政府为主导，充分发挥社会力量，积极促进家庭和个人能力释放，完善社区养老服务供给，是社区养老服务事业发展的重要保障。2020年，《深圳市构建高水平"1336"养老服务体系实施方案（2020—2025年）》明确了养老服务各项工程和项目的履职单位和职责共担部门，指明了压实多部门责任，共建深圳高水平养老服务体系的重要方向。然而由于社区养老功能定位和职责不清，基层养老服务缺乏强有力的组织保障，政策落地缓慢。

社区养老服务资金保障不足。资金问题是深圳社区养老服务发展的一大桎梏。一是筹资模式单一、资金来源不足、融资渠道不畅是深圳社区养老服务筹资过程中较为凸显的问题。二是补偿机制不健全、补偿政策模糊也制约了筹资模式的创新与发展。三是健康养老产业价值链宽度和深度不足以及养老服务产业行业营利指向和公益性之间的持续性矛盾，导致深圳政府、市场、社会能够为社区养老服务体系建设提供的资金有限。

社区养老服务资源缺乏文化保障。社区养老文化是一种将传统孝道文化与现代社区生活融合的文化，既要传承与发展传统的孝亲敬老文化，又要结合深圳城市社区年轻人聚集的特点，以丰富老年人精神文化生活为主，体现人文关怀，满足老年人多样化的精神需求，帮助老年人实现自我价值，构建现代和谐社区（Chen，1996）。目前深圳社区养老刚刚起步，社区养老文化尚未形成，发展理念尚未准确定位，组织责任不明确，资源配置欠缺。社区养老文化保障不足，致使社区养老服务发展支撑力不足，阻碍老年人及其家庭通过社区获得养老服务需求满足。

三　深圳社区养老服务资源配置实践

深圳近年来大力加强社区养老服务资源配置，形成了独特的社区养老服务资源配置模式。可以发现，在社区养老服务资源配置过程中，既要考虑社区养老服务资源供需现状与问题，坚持问题导向，又要考虑社区老年人口分布、服务需求、服务利用与付费意愿以及养老设施布局等。老年人对社区养老服务的感受和体验受多重因素的影响，既包括社区养老服务主体因素——政府、市场、家庭，也包括作为社区养老服务客体的人力、财力、物力等资源要素，还包括社区养老服务资源的标准因素，如社区老龄化程度以及社区养老服务资源配置的内容因素、资源配置目标等。社区养老服务资源优化配置需要综合考虑区域社会经济发展状况。

综合以上分析，深圳城市社区养老服务资源配置框架如图3-9所示。

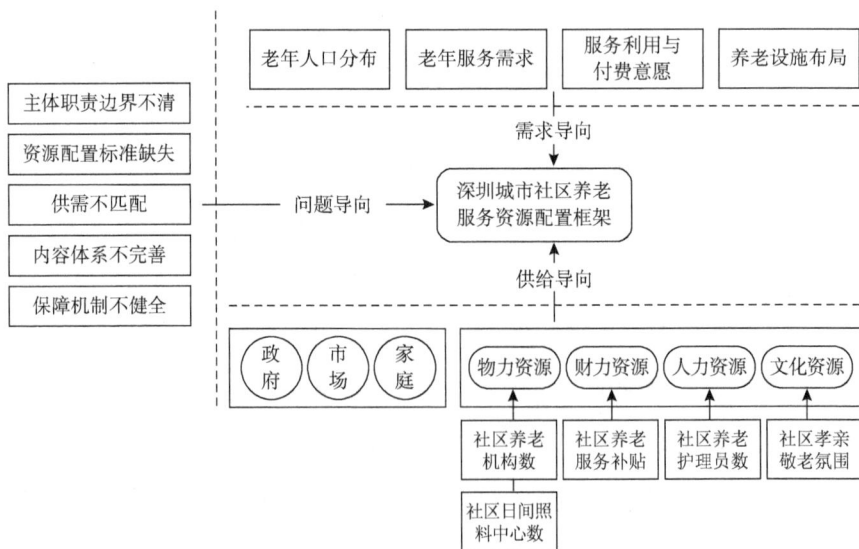

图 3-9　深圳城市社区养老服务资源配置框架

通过梳理深圳近年来社区养老服务发展的脉络和社区养老服务政策实践，可总结出深圳社区养老服务资源配置的总体脉络。

以需求为导向，建立深圳老年人口与需求数据库，把"需求力"与"承受力"作为资源配置的重要前提。2020年，深圳全面启动"深圳市老年人口现状与需求调研"，对全市所有户籍老年人口进行全面普查，对非户籍老年人口进行定额抽查，主要了解社区老年人口分布现状、结构现状、需求现状，全面调查深圳老年人服务利用情况和服务需求、付费意愿等，以社区为单位开展社区养老服务设施现状调查，建立了深圳老年人口与养老服务需求数据库、社区养老服务设施数据库。此外，还明确提出建立社区老年人口与需求动态监测制度，每年开展一次老年人口现状与需求抽样调查。这为深圳优化配置社区养老服务资源提供了重要的基础数据。

以问题为导向，提出构建高水平"1336"养老服务体系，把"配置力"作为资源配置的重要手段。2020年7月，深圳市政府印发了《深圳市构建高水平"1336"养老服务体系实施方案（2020-2025年）》，对深圳社区养老服务体系建设存在的问题提出了针对性的解决方案。如针对资源配置主体职责不清的问题，提出要发挥政府在社区养老服务资源配置中的主导作用，发挥家庭在社区养老服务资源配置中的基础作用，发挥社会在社区养老服务资源配置中的补充作用。针对内容体系不完善的问题，提出构建"街道长者服务中心—社区长者服务站—小区长者服务点"的配置思路，明确了每个层级设施的服务功能定位、服务内容清单。针对资源配置标准缺失的问题，明确提出新设立的街道长者服务中心面积原则上不小于1000平方米，分为居住托养区和日间照料区两个区域；新设立的社区长者服务站面积原则上不小于750平方米，主要为老年人提供日间照料、助餐、助浴、康复及文娱活动等服务；小区长者服务点面积原则上不小于100平方米，主要为老年人提供日间照料、助餐、助浴及文娱活动等服务。针对保障机制不健全的问题，明确提出了以项目制、清单制落实每个项目牵头单位的职责，并建立了责任落实督查制度。

以供给为导向,建立社区分类配置分层供给机制,把"获得力"作为资源配置的重要目标。由于深圳尚未全面进入老龄化社会,在社区养老服务设施配置上,明确要求保留原有社区日间照料中心、星光老年之家、社区长者助餐点、社区老年教育场所的配置;在没有日间照料中心、星光老年之家、社区长者助餐点、社区老年教育场所的老龄化社区,配置一个日间照料中心、一个星光老年之家、一个社区长者助餐点、一个社区老年教育场所。在社区养老服务内容配置上,以街道长者服务中心为例,中心工作人员主要包括管理人员、专业技术人员、养老护理员、工勤人员四类。应配备与管理和运营需求相适应的管理人员,其中专职管理人员不少于1名。应配备与服务老年人数量相适应的专(兼)职专业技术人员,同一专业技术人员的兼职岗位不应超过3个。专业技术人员承担专业技术职能,应具有相应的专业技术水平和能力,包括但不限于医生、护士、社会工作者、康复师、营养师、心理咨询师、评估师、健康管理师。养老护理员与重度失能老年人配比一般不低于1∶3,与中度失能老年人配比一般不低于1∶6,与轻度失能及能力完好老年人配比一般不低于1∶15。工勤人员可通过兼职或外包服务形式招聘,降低人力成本。在财力资源配置方面,社区养老服务设施宜采用公办(建)民营运营模式,针对民办社区养老服务设施,政府宜通过购买服务等方式满足保障对象服务需求。在信息化资源配置方面,社区养老服务管理、服务供给等均离不开信息系统的支撑。社区养老服务信息化平台应依托智慧养老服务体系建设,通过统一线上线下社区养老管理和服务,促进社区养老服务信息共享。社区养老服务智慧信息平台应由管理端和服务端构成。平台的建设、运维应充分结合当前云计算、物联网、大数据、人工智能、移动互联网信息技术,打造智慧化社区养老管理和服务网络。

第四节　深圳社区养老服务资源配置效果与影响因素

一　深圳社区养老服务资源配置效果

社区养老服务资源利用情况。调研数据显示，深圳常住老年人在深圳接受过社区养老服务的占比为13.7%；户籍老年人接受过社区养老服务的占比为14.8%，非户籍老年人接受过社区养老服务的占比为13.1%（见图3-10）。接受过社区养老服务的老年人总体较少。

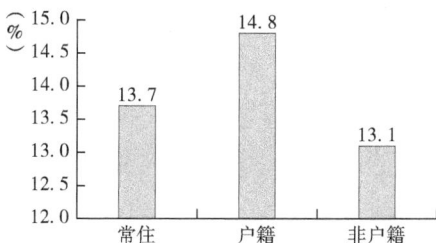

图3-10　深圳老年人社区养老服务接受情况

在社区养老服务内容方面，在接受过社区养老服务的老年人中，68.6%接受过健康管理和指导服务，29.9%接受过养老咨询服务，25.7%接受过康复护理服务，18.9%接受过上门巡访服务，16.4%接受过智能手机培训服务，12.4%接受过长者助餐服务，11.2%接受过心理疏导服务，10.2%接受过权益保障服务，9.8%接受过家庭照护知识培训服务，5.0%接受过日间托管服务，4.7%接受过家庭适老化改造服务，2.8%接受过老年生活辅具租赁服务（见图3-11）。相较而言，接受过健康管理和指导服务的老年人比例最高，其次为养老咨询服务和康复护理服务；接受过家庭适老化改造服务和老年生活辅具租赁服务的老年人比例相对较低。

在长者助餐服务方面，接受过社区养老服务的常住老年人中，12.4%表示接受过长者助餐服务，其中户籍老年人中20.6%表示接受过长者助餐服务，

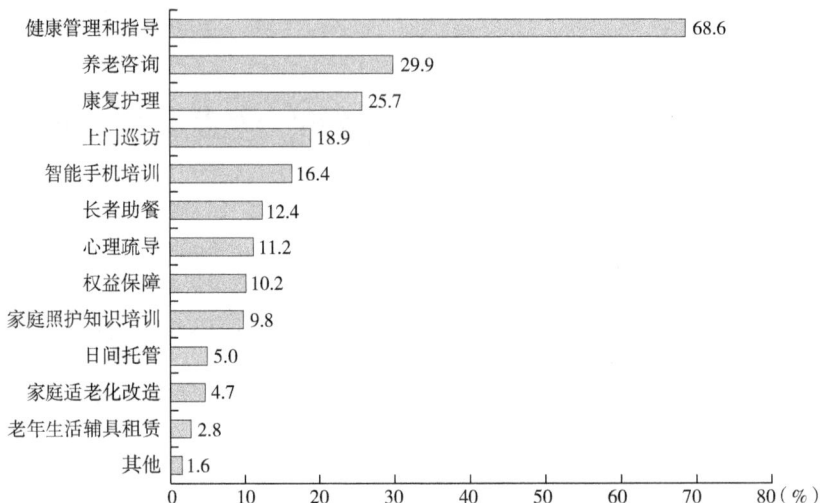

健康管理和指导	68.6
养老咨询	29.9
康复护理	25.7
上门巡访	18.9
智能手机培训	16.4
长者助餐	12.4
心理疏导	11.2
权益保障	10.2
家庭照护知识培训	9.8
日间托管	5.0
家庭适老化改造	4.7
老年生活辅具租赁	2.8
其他	1.6

图3-11 深圳老年人接受过的具体社区养老服务情况

非户籍老年人中仅6.7%表示接受过长者助餐服务（见图3-12）。户籍老年人接受过长者助餐服务的比例约为非户籍老年人的3倍。

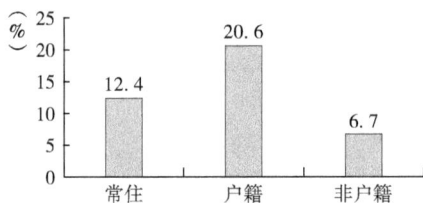

图3-12 深圳老年人长者助餐服务接受情况

对家庭进行适老化改造有助于巩固家庭养老基础地位、缓解老年人因生理机能退化导致的生活不适应，提升老年人生活自理能力和生活品质。调查显示，4.7%的常住老年人接受过家庭适老化改造服务，其中，5.6%的户籍老年人接受过家庭适老化改造服务，4.0%的非户籍老年人接受过家庭适老化改造服务（见图3-13）。户籍老年人接受过家庭适老化改造的比例高于非户籍老年人。

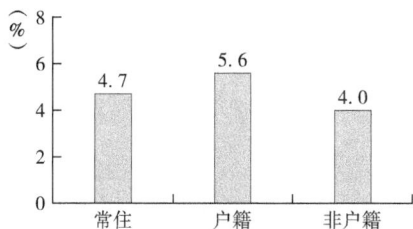

图3-13　深圳老年人家庭适老化改造服务接受情况

调查显示，9.8%的常住老年人接受过家庭照护知识培训服务，7.5%的户籍老年人接受过家庭照护知识培训服务，11.5%的非户籍老年人接受过家庭照护知识培训服务（见图3-14）。非户籍老年人在该服务上的接受率高于户籍老年人。

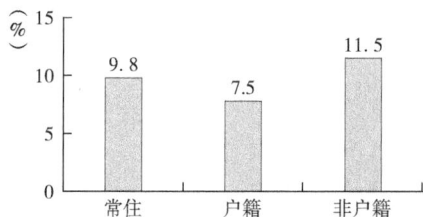

图3-14　深圳老年人家庭照护知识培训服务接受情况

在社区无障碍设施方面，41.3%的老年人表示社区有轮椅通行坡道，34.4%表示有盲道，33.2%表示有加装扶手，26.3%表示有无障碍电梯，23.6%表示有公厕无障碍改造，11.7%表示有无障碍标记设置，10.3%表示有无障碍车位，27.5%表示社区无任何无障碍设施（见图3-15）。社区相对普及的无障碍设施主要有轮椅通行坡道和盲道，无障碍车位和无障碍标记设置相对较少，且近三成老年人表示社区无任何无障碍设施。

老年人对社区养老服务的满意度分析。老年人的社区服务满意度是分析深圳社区养老服务资源配置效果的重要指标。数据显示，接受过社区养老服务的老年人表示非常满意的占比为37.7%，比较满意的占比为48.3%，一般的占比为12.9%，比较不满意的占比为0.8%，很不满意的占比为0.2%（见图3-16）。

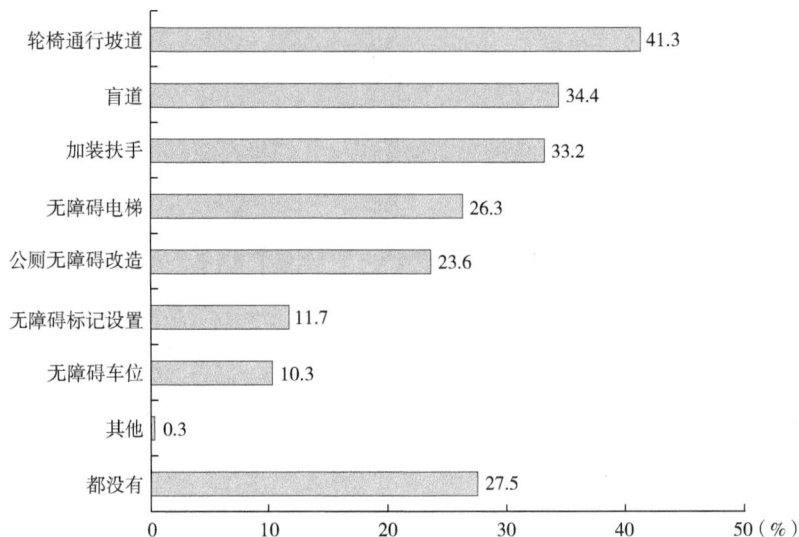

图3-15 深圳老年人居住社区无障碍设施情况

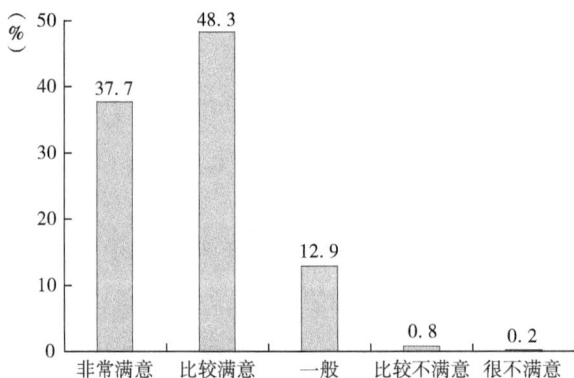

图3-16 深圳老年人对社区养老服务满意的情况

深圳市老年人对社区养老服务整体满意度为86.0%，表示很不满意和比较不满意的老年人占比为1.0%，说明老年人对当前社区养老服务满意度总体较高。深圳市社区养老服务质量还需要不断提升，不断提高老年人对社区养老服务的满意度。

二　基于满意度的社区养老服务资源配置决策影响因素

本书利用深圳市老年人口现状及养老服务需求现状调查数据,基于深圳老年人对社区养老服务的整体满意度,运用多元线性回归分析方法,探测深圳社区养老服务资源配置决策的影响因素。通过实证研究,一方面可以以数据形式量化展示深圳社区养老服务资源配置效果,评估深圳老年人对社区养老服务的感知和体验;另一方面可以通过回归模型,探测社区养老服务资源配置决策的影响因素,为城市社区养老服务资源优化配置理论模型构建提供现实参考和数据支撑。

本研究以社区为单位构建基于满意度的深圳社区养老服务资源配置决策影响因素回归分析数理模型。在"深圳老年人对社区养老服务满意度评价均值"多元线性回归模型中,因变量 Y 为"深圳老年人对社区养老服务满意度评价",自变量 Xn 包括社区老龄化现状、资源配置主体、资源配置客体、资源配置标准四大部分。回归模型部分变量内容如表3-32所示。

表3-32　基于满意度的深圳社区养老服务资源配置决策影响因素回归模型变量

名称	变量维度	变量类型	变量内涵
因变量	深圳老年人对社区养老服务满意度评价	深圳老年人对社区养老服务满意度评价均值(分)	老年人对所处社区养老服务的整体满意度评分,分值为1~5分
自变量	社区老龄化现状	社区老龄化程度	60岁及以上老年人口占比高于等于10%的社区为老龄化社区,低于10%的社区为非老龄化社区
	资源配置主体	政府在社区养老服务资源配置中发挥作用程度(分)(政府功能)	调查者通过数据资料搜集以及走访观察,对政府对某一社区养老服务资源配置的贡献程度评分,分值为1~5分
		市场在社区养老服务资源配置中发挥作用程度(分)(市场功能)	调查者通过数据资料搜集以及走访观察,对市场对某一社区养老服务资源配置的贡献程度评分,分值为1~5分
		家庭在社区养老服务资源配置中发挥作用程度(分)(家庭功能)	调查者通过数据资料搜集以及走访观察,对家庭对某一社区养老服务资源配置的贡献程度评分,分值为1~5分

续表

名称	变量维度	变量类型	变量内涵
自变量	资源配置客体	社区养老机构数（家）	社区上报的所辖范围内社区养老机构数
		社区日间照料中心数（家）	社区上报的所辖范围内社区日间照料中心数
		社区养老服务补贴（万元）	社区上报的社区筹集的社区养老服务补贴金额
		社区养老护理员数（人）	社区上报的社区养老服务机构和组织内部的所有养老护理员数
		社区孝亲敬老氛围（分）	老年人对社区孝亲敬老氛围评分，分值为1~5分
	资源配置标准	社区15分钟养老服务圈建设程度（分）	调查者通过数据资料搜集以及走访观察，对社区15分钟养老服务圈建设程度进行评分，分值为1~5分

　　根据因变量和自变量类型和内涵，结合多元线性回归模型方程式和决策影响因素分析步骤，利用SPSS 20.0统计软件对所获得的数据进行回归分析，构建基于满意度的深圳社区养老服务资源配置决策影响因素回归模型。具体情况如表3-33所示。

表3-33　基于满意度的深圳社区养老服务资源配置决策影响因素回归模型

	标准化信息		t	p	置信区间（95%）	
	B系数	标准误差			最低值	最高值
变量	3.185	0.015	5.258	<0.001	3.154	3.215
社区老龄化程度	−0.250	0.123	−2.674	0.040	−0.328	−0.210
政府功能	1.532	0.011	3.232	0.005	1.431	1.679
市场功能	0.564	0.323	2.980	0.023	0.450	0.721
家庭功能	0.378	0.001	2.734	0.030	0.218	0.422
社区养老机构数	0.496	0.021	4.521	<0.001	0.333	0.524
社区日间照料中心数	2.527	0.334	5.250	<0.001	2.435	2.645
社区养老服务补贴	2.120	0.124	3.987	<0.001	1.988	2.321
社区养老护理员数	1.312	0.025	4.766	<0.001	1.221	1.500
社区孝亲敬老氛围	0.123	0.178	2.323	0.043	0.100	0.249
社区15分钟养老服务圈建设程度	0.656	0.022	2.001	0.015	0.432	0.798

该模型显示,"社区老龄化程度"与"深圳老年人对社区养老服务满意度评价"之间具有相关性。社区老龄化程度越高,老年人对社区养老服务资源配置的满意度越低。这主要是因为深圳社区养老服务资源配置目前缺乏科学普适和统一的配置标准,各地自由探索社区养老服务资源配置,摸石头过河,尚未考虑社区总体的老龄化进程。在此情况下,老龄化社区和非老龄化社区在养老服务资源配置中如果没有任何区分,那么很可能导致非老龄化社区养老服务资源配置过多、资源闲置,老龄化社区养老服务资源配置不足,这些均会影响深圳老年人对社区养老服务资源配置的总体感受。

该回归模型表明,政府对深圳社区养老服务资源配置具有正向影响。政府是社区养老服务资源配置的引导者,在社区养老服务供给中占据重要地位。《老年人权益保障法》明确规定,政府、社会、市场应当按照职责在老年人权益保障工作中发挥作用,社区居民委员会以及各类相关社会组织要深入联系老年人,反映老年人的正当权益,为老年人做好权益保障服务。在社区养老服务资源优化配置过程中,应发挥政府在资源配置中的作用,同时加强政府对社区养老服务资源配置的监督、引导和激励。

该回归模型还显示,自变量"市场功能"对因变量"深圳老年人对社区养老服务满意度评价"同样具有正向影响,且该影响具有统计学意义($p < 0.05$)。随着深圳老龄化进程不断加快,深圳城市化、现代化水平不断提升,市场在社区养老服务资源配置中的功能不断凸显,对社会发展和高水平养老服务体系构建的影响深远。社区养老服务资源配置应充分发挥市场作用,引入社会资本,引进养老服务行业企业进驻社区,为社区老年人提供多样化多层次养老服务。

该模型还显示,"社区日间照料中心数"对因变量"深圳老年人对社区养老服务满意度评价"具有正向影响,且该影响具有统计学意义($p < 0.001$)。即社区日间照料中心这类社区养老服务设施资源的配置,对社区老年人的社区养老服务感受和体验具有积极的影响。社区日间照料中心,现又称"社区长者服务站",是指为社区服务区域内生活不能完全自理、日常生活需要一定

照料、健康需要守护的失能、半失能老年人提供个人照顾、膳食供应、休闲娱乐、保健康复等日间托养服务的社区类养老服务设施。社区日间照料中心是社区养老服务体系的重要组成部分，也是社区养老服务资源优化配置的重要客体。按照社区老年人需求，尤其是考虑到社区特殊老年人群体的健康养老服务需求，在老龄化社区配置至少一个社区日间照料中心，不仅是深圳高水平养老服务体系建设的要求，也是满足社区老年人日益多样化、复杂化健康养老服务需求的重要载体。

该模型还显示，"社区养老服务补贴"对"深圳老年人对社区养老服务满意度评价"具有正向显著性影响（$p < 0.001$）。社区养老服务补贴是指政府通过制度设计为老年人提供必要养老服务保障，通过配置资金等养老服务资源提升老年人的支付能力，不断提高老年人对社区养老服务的获得感以及可承受力，进而提高老年人对社区养老服务的总体感知和体验。同时，社区养老服务补贴作为社区养老服务重要的财力资源，是资源配置客体的重要内容，也可以为其他社区养老服务资源配置提供资金保障。

该模型还显示，"社区养老护理员数"对"深圳老年人对社区养老服务满意度评价"具有正向显著性影响（$p < 0.001$）。社区养老护理员是社区养老服务资源客体中人力资源的重要组成部分。当前在深圳积极应对人口老龄化进程中，养老相关服务和管理人员短缺是养老服务体系建设完善的瓶颈。增加社区养老护理员的人才储备，提高社区养老护理员整体素养和综合水平，是优化社区养老服务资源配置的重要体现，也是提高老年人对社区养老服务满意度评价得分的重要抓手。

该模型还显示，"社区孝亲敬老氛围"对"深圳老年人对社区养老服务满意度评价"具有正向显著性影响（$p < 0.05$）。我国是一个典型的以孝道文化著称的社会，孝亲敬老社会氛围是我国各级政府一直大力推动建设的重要环境体系。加强社区孝亲敬老氛围营造，提高社区孝亲敬老文化水平，一方面是社区养老服务体系建设的重要环境和文化保障，另一方面更是社区养老服务资源配置目标实现的文化支撑。

　　该模型还显示，"社区15分钟养老服务圈建设程度"对"深圳老年人对社区养老服务满意度评价"具有正向显著性影响（$p<0.05$）。深圳、广东乃至国家均在加强街道—社区—小区—家庭四级养老服务网络建设。其中，建设社区15分钟养老服务圈，使老年人及其家庭能够就近获得优质的社区康复服务，享受社区康复、医疗、科教文体等各类资源的整合和连续性服务，可以提高社区老年人及其家庭的养老服务满意度。

第四章

城市社区养老服务资源
配置实践经验借鉴

　　西方国家较早步入人口老龄化阶段，而且较早把社区养老服务作为养老服务发展的重要举措，其在社区养老服务资源配置中的制度建设、实践经验无疑可以为我国城市社区养老服务资源配置提供有益借鉴（Mastronardi et al.，2020；Thorsell et al.，2006）。亚洲一些发达国家和地区在应对人口老龄化的过程中既借鉴西方的经验，同时又走出了自己的道路，形成了自己的特色，可以为我国城市社区养老服务资源配置提供较好的样板。因此，研究分析国内外社区养老服务资源配置的政策实践，可以提炼出一些有益的经验（Tseng et al.，2020）。

第一节　发达国家和地区社区养老服务资源配置实践

一　欧美国家社区养老服务资源配置实践

　　瑞典以"社区—居家"为核心的社区养老服务资源配置。瑞典是全球老龄化国家的代表，瑞典在政府主导下，通过社区养老服务资源的优化配置打造了"养老服务保障的瑞典模式"，明确了"居家—社区"在养老服务资源供给体系中的核心地位。瑞典养老服务资源配置经历了两个阶段：第一阶段为20世纪80年代中期到90年代，在此阶段瑞典形成了由政府主导的公共养老服务资源配置方式；第二个阶段为进入21世纪之后，瑞典开始养老服务资源配置的市场化改革,通过市场化改革形成了政府主导下的多主体资源配置方式。

配置主体由单一主体向市场化多元主体的转变。在1918年之前,瑞典养老服务资源主要由济贫机构提供,随着社会对养老服务资源需求的不断增长,瑞典从1918年开始改革济贫机构,开始由政府负责在全国范围内建设专门的养老机构,标志着机构养老开始成为瑞典养老服务资源供给的主要方式。瑞典政府要求每个市政府要建立至少一家专门的养老服务机构——老年之家。在此次改革中,老年之家作为专门的养老服务机构替代了原先济贫机构的养老功能,专门解决贫困老年群体的养老问题。此后,老年之家在瑞典养老服务资源供给中扮演了核心的角色,到1950年,老年之家为瑞典6%的老年人提供养老服务资源。

国家是社区养老服务资源配置及社区居家养老服务的主要承担者,国家结合全国社区养老服务需求制定相应的政策,由基层地方政府承担社区养老服务资源的供给,结合社区养老需求进行社区养老服务资源的配置。虽然国家承担着提供社区养老服务的主要责任,但是并不意味着由政府直接进行社区养老服务资源的配置,而是国家通过市场化改革引入多元化的专业资源配置主体。瑞典在养老服务资源配置市场化的改革中,仍然坚持以"普享主义""平等给予"为基本原则,市场化的改革有效提升了社区养老服务资源配置的效率,但未改变瑞典养老服务资源配置的目标,政府通过严格的控制和监管来确保社区养老服务资源配置与老年人对高质量的养老服务资源需求之间的匹配。

瑞典将家庭、社区、社会组织作为养老服务资源配置的主要主体,与政府具有同等的地位。同时政府重视人力资源在社区中的配置,通过第三方医疗监管机构对养老护理员进行资格认证,通过资格认证和大量的专业化训练为社区养老服务提供充足的专业化服务人员。在社区养老服务人力资源配置中,瑞典政府通过经济补偿的方式引入大量的社会工作者参与到社区养老服务资源的提供中,通过家庭保障和日常护理现金补助的方式引导家庭成员或老年人亲属积极为老年人提供在家养老服务。

配置内容逐步包括居家养老服务和住宅津贴、房租补助、住宅改造贷款等经济保障。与瑞典养老服务资源配置市场化改革同步，在社会民主福利国家，"去机构化"的养老服务资源配置也成为改革的重要趋势。瑞典政府在养老服务资源配置市场化改革中，考虑到机构养老过重的负担及老年人家庭养老的偏好，在市场化改革中大力提倡社区照顾和居家养老，鼓励老年人在社区和家庭养老。瑞典在1984年提出了"终身住在自己家"的策略，各市政府开始重点围绕居家养老服务开展资源配置。居家社区养老也成为瑞典市场化改革的重要领域，瑞典政府通过竞争招标的方式引入市场化力量，由市场力量提供居家养老服务资源（Sundström and ersson，1996）。

为避免养老机构承载过大的压力，瑞典政府通过提供住宅津贴、房租补助、住宅改造贷款等方式鼓励老年人在社区和家庭养老。在1992年实施"Adel 社区照护改革"项目，在社区内设立老年活动中心和日间照料小屋，提供短期照顾和文体康乐等服务。在改革中大力推动家庭住宅适老化改造，并且配备丰富的养老服务资源设施，为居家社区老年人提供送餐、生活照料、日间照料、家庭病房、家庭照护等综合性、全面性养老服务（Albin et al.，2009）。瑞典通过一系列的改革，居家养老服务率高达90%，社区这样一个个的小单元中拥有完善的服务设施，构建起社区自有的养老服务供给生态。

此次改革中明确提出由各市政府承担社区照护资源配置的职责，而各市政府在社区照顾资源配置中，出于缓解财政压力的目的，出台政策鼓励老年人从疗养院转移到家中养老，使得养老机构的数量大幅度下降。1993~2005年，随着社区照护资源和家庭养老服务资源的不断丰富，瑞典全国范围内仅有25%的机构养老床位被保留。瑞典通过引入多元化资源配置主体将居家护理服务、健康和医疗照顾、交通服务、老年居住中心融合在一起，提升了居家服务的专业化供给能力。

配置标准逐步遵循按需求分析原则。20世纪50年代，由瑞典红十字会发起的居家养老服务形式逐渐开始得到发展。瑞典红十字会组织女性志愿者为老年群体提供居家养老服务。居家养老服务使得老年人无须离开熟悉的社区环境和家庭环境就能实现养老，这一优势得到了瑞典政府和社会的认可，政府于60年代开始对居家养老服务资源配置模式提供相应的财政补贴。此后，由于居家养老服务资源供给模式本身的优势及政府的大力补贴，居家养老服务逐渐成为瑞典养老服务资源配置的核心模式，形成了以居家养老服务资源供给为核心的养老服务资源供给体系。在居家养老服务资源配置中，瑞典政府遵循按需分配的原则，中央政府向地方政府赋权，由地方政府结合地方的实际情况对养老服务资源进行合理的配置，满足老年人就地养老的需求（Albin et al.，2016；Annelie，1988）。在20世纪80年代中期之前，瑞典养老服务资源配置由政府承担，几乎所有的养老服务资源均由公共部门提供，瑞典通过高税收为养老服务资源配置提供财政支持。20世纪80年代中期至90年代，瑞典人口老龄化的加剧以及经济危机的出现，导致瑞典政府无力承担庞大的养老服务资源配置支出，因此瑞典在养老服务资源配置中开始探索寻求市场化改革。瑞典通过养老服务资源配置市场化改革，缓解了政府在社区养老服务资源配置中的财政压力，同时丰富了社区养老服务资源配置的类型，通过引入竞争机制提升了社区养老服务资源配置的效率。瑞典在养老服务资源配置改革中，形成了以政府为主导、社会力量和家庭为主要参与者的居家养老服务资源配置模式。

德国有限责任政府与市场化相结合的社区养老服务资源配置。德国在资本主义经济体系中率先建立了社会保障制度，是保守主义体制国家的代表，德国的养老服务资源供给属于典型的有限责任政府模式。德国政府于1994年开始推广长期护理保险，形成了以长期护理保险为核心的养老服务资源供给体系。在德国养老服务体系中，强调家庭责任和自主养老，同时鼓励社区组织和教会等慈善组织提供帮助，减少国家对养老服务资源配置的干预。德国秉持政府少干预的基本原则，居家社区养老服务资源配置主要依靠家庭、教会、社会组织等，政府在以上主体无法实现资源配置的情况下才会介入。

配置主体立足有限责任政府，引入市场化力量。德国养老服务资源供给模式包括居家供给模式、社区供给模式和机构供给模式，但机构养老仅作为居家社区养老的补充，一般仅在社区供给模式和居家供给模式无法满足老年人需求的情况下才发挥作用。在有限责任政府的社区养老服务资源配置方式中，政府通过政策的出台和修订引导社区养老服务资源配置，引入市场化机制和协同机制，使德国社区养老服务资源配置实现了从分散化向体系化的转变，形成了完备的社区养老服务资源体系。

为鼓励家庭成员提供养老服务，德国政府给予家庭照料者相应的经济补偿，在通过政府审核之后，按照雇用他人服务的标准给予成本金额的补偿并通过分类型、分级别的补贴提升财政资金补贴的效率，实现社区养老服务资源的高效配置。

配置客体形成了设施、住宅等供给体系。德国在社区养老服务资源配置和社区养老服务资源的运营中，通过不断优化改革实现了从"被动收容"向"积极老龄化"的转变（Scott et al.，2020），以社区为载体，通过社区基础设施建设为社区提供丰富的养老服务资源，通过引入市场化的力量提升社区养老服务资源的运营效率，为老年人提供多元化、可供选择的社区养老服务资源。德国以社区为资源配置平台，为老年人提供居家养老护理服务。德国政府对入住养老院的老年人进行严格的评估，提高了入住养老院的门槛，这使得大部分的老年人选择依托社区，以居家养老为主要养老模式。为确保依托社区的居家养老护理服务的发展，德国从立法层面为上门护理服务提供了保障。在社区养老服务资源配置中，由政府出资兴建了社区服务中心和社区流动护理服务站，以此为基础为老年人提供居家养老护理服务。

德国在社区内部兴建了完善的社区养老服务设施，包括社区型护理院、社区养老院，为老年人提供临时居住环境和临时康复服务。同时，德国在社区养老服务资源配置中，在社区内部兴建了咨询、教育、上门探访及护理等社区养老基础设施，借助完善的社区养老服务设施实现了多种养老主体和多种养老服务资源的协同合作（Gruber，2021）。

德国政府大力构建社会住宅体系，遵循无障碍设计的理念，由住宅产权主与民间服务团体通过签订协议的方式为老年人提供养老服务。在社会住宅体系的发展中，形成了多种不同的社区养老模式。养老地产参与的社区养老模式是德国社区养老服务资源配置的主要模式，通过政府财政支持，由如奥古斯诺集团、不来梅老年住宅以及蕾娜范集团等大型养老地产集团公司开发适老化的养老地产社区。德国养老地产毗邻养老机构和社区，能够实现资源共享，进一步提升社区养老服务资源的丰富性。德国政府通过财政资金的拨付支持"多代同堂小区"和"多代屋"的建设，使老年人与子女及亲属能够就近居住，建立"代际照顾"，并对子女及亲属辅以支持。在该模式下，社区内的不同资源及不同家庭之间能够形成"互助组"。老年人能够为社区提供多种不同类型的服务，例如带小孩等；年轻人与老年人之间可以进行充分的互动，同时年轻的志愿者也能够为老年人提供相应的照料服务。这种社区内的"互助组"模式能够充分挖掘社区内养老服务资源的价值和潜能，在满足老年人养老需求的同时满足不同家庭不同的需求，德国依托社区实施"储蓄时间"项目，鼓励志愿者和有能力的老年人在社区内为老年人提供养老服务，弥补养老专业人员不足的问题。

配置标准逐步引入第三方评估机构，走向专业化服务。为应对人口老龄化问题，德国政府在1994年正式出台《长期护理保险法》，其主要对象为社会底层贫困老年人及其家庭，为底层家庭提供"兜底式"生存保障，长期护理保险的推出对于缓解和消除因养老服务资源配置不足导致的家庭、社会矛盾起到积极作用。20世纪90年代，资本积累对劳动力的大量需求导致大量妇女进入劳动力市场，进而使得西方国家家庭功能逐渐弱化。在这一背景下，德国提出长期护理保险的主要目的之一便是提升家庭的黏性，提升家庭在养老服务资源供给中的地位和作用。

德国《长期护理保险法》对护理人员资质进行了严格的规定，接受过高等教育及专业护理训练的人才有资格担任护理人员。同时为提升护理服务质量，德国搭建了养老护理服务社会监督平台，充分发挥社会组织、媒体、老年人及其家属的作用，形成了多方监督的服务监督体系，同时定期引入第三方评估机构对养老服务进行评价，将结果向社会公示，接受社会的监督（Wood and Estes，1990）。

英国官办民助的社区养老服务资源配置。英国对于居家社区养老服务的发展极为重视，并持续赋能社区成长为资源综合体和枢纽平台，依托社区配置了丰富的养老服务资源。英国老年人居家社区养老和机构养老的比例分别为90%和10%，大量的养老服务资源依托社区进行配置。1987年，英国保守党开始认识到社会组织对于居家社区养老服务发展的补充和支持作用，因此，其作为养老服务提供的重要力量开始大放光彩。英国在社区养老服务资源的配置中形成了政府、社区、社会组织、家庭、市场等多元化的配置主体，而社区又是各类资源的重要枢纽，通过有效的资源配置和集聚为老年人提供综合性、专业化的养老服务。

配置主体形成了多元化主体参与的格局。作为福利国家，英国在社区养老服务资源的配置中形成了官办民助的显著特点。在英国社区养老服务资源配置中，政府、社会组织、市场和社区通过协同互动实现社区养老服务资源的有效配置。不同资源配置和供给主体各司其职，发挥各自在社区养老服务资源配置中的优势，通过默契的配合，为老年人提供综合性、专业性的养老服务。英国通过市场化的改革充分发挥市场在社区养老服务资源配置中的优势，将其纳入市场经济的发展范畴中。为老年人提供"就近就便养老服务"，能够减轻老年人的孤独感、增强其与社区人员的亲近感，使其获得较高质量的养老服务，同时社区平台的资源整合能力开始发挥作用，降低了养老服务的社会成本。通过市场化的改革，英国社区养老形成了由政府统筹，由各类型社会力量参与的社区养老服务资源配置模式。但在市场化改革中，英国政府依然承担了社区养老服务基础设施建设的职能，由政府投入大量资源修建社区养老服务基础设施。社区其他养老服务资源的供给则通过政府购买服务及老年人家庭支付的方式来实现。

配置客体资源日益丰富。在英国政府的主导下，英国形成了丰富的公共养老服务资源，公共养老服务资源的享用对象必须经过政府严格的审查。英国政府规定，只有具有足够的养老需求，且储蓄和资产低于政府划定标准的老年人才可享受公共养老服务。否则必须由个人、家庭成员及亲朋好友为老年人支付护理费用和养老服务费用。

英国社区照顾的服务资源涉及生理、心理和社会三个层面，形成了覆盖面广、内容丰富、形式多样的社区照顾资源供给体系。英国政府在社区照顾中，重视基础照料和康复护理服务，并从制度方面保障多样化服务的供给，如社区中的生活管理、物质支持、心理与医疗支援等服务，重视对社区环境的优化（Ware et al.，2003）。英国的社区照顾的特点和优势有以下两点。第一，政府在社区照顾的发展中占据主导性地位，提供相应的财政支持。政府以财政资金为社区照顾的运营提供资金保障，通过官办民助的方式开展运营。第二，社区照顾因服务的全面性促进了社会力量的蓬勃发展，社区照顾的运营主体以非营利机构为主，同时包含一定比例的商业机构。

从人力资源配置的角度来讲，英国在社区养老人力资源的配置中，形成了由政府雇员、企业服务人员、社会组织人员、志愿者、家庭成员等组成的社区照顾服务团队，其中家庭照顾成员大部分为妇女。英国在社区养老人力资源配置中注重不同类型人才队伍之间的分工和协同。其中照顾管理人员承担主要管理职责，对一线照顾人员的照顾服务提供督导服务和监督服务。照顾管理人员对社区养老服务进行全过程的跟踪、评估和反馈，根据老年人的需求对服务进行不断的优化改进，整合不同类型人力资源为老年人提供满足其需求的养老服务。

配置标准日益以需求为导向。英国在社区养老服务资源配置的改革过程中，逐渐引入市场化的运作方式，政府作为福利供给唯一主体的功能开始弱化，市场的功能日渐突出，并在逐步发展中，二者形成了有效协作的平衡，政府主导前端谋划、中端管理和末端评价，市场基于对需求端的快速感知和反馈，不断优化和迭代服务供给。英国在社区养老服务资源配置方面，建设了社区活动中心和老年人专属公寓，依托社区活动中心和老年人专属公寓提供居家养老服务资源，为老年人提供可供选择的居家养老服务。英国在社区养老服务资源配置中重视发挥市场机制的作用，地方政府通过服务购买和服务评估实现对社区养老服务资源配置的宏观调控和管理，通过政府和社会力量的协同来推动社区照顾的发展。20世纪80年代，英国政府就已提出社区长期照护的概念，依托社区为老年人提供长期照护服务，通过发挥市场资源配置的作用减轻了政府的财政压力。各地政府通过评估社区长期照护需求以及家庭照护能力，结合对老年人财产和收入的评估确定长期照护服务模式，对于少部分陷入贫困等重点人群则提供政府兜底的全额资助。英国在社区长期照护资源的配置中，结合老年人的特点重视医药资源的配置，逐渐形成了立体、全面的社区养老服务资源供给体系（赵晓芳，2017；Vaccaro，2020）。

英国的社区照顾是一种非正式的社区养老照护网络，这种非正式的照护网络将政府、养老机构、医疗机构、家庭、社区组织的资源整合在一起，借助社区照顾这一载体实现了社区养老服务资源在社区内部的高度集聚，为"不离开居所"的养老模式提供了资源基础。英国的社区照顾包括"社区内照顾"和"由社区照顾"两种模式，前者主要是指依托社区养老服务基础设施和其他养老服务资源，由老年人家庭成员、邻居和社区志愿者等主体为老年人提供照顾服务；后者则主要是指由社区内的专业机构结合老年人的需求为老年人提供照顾服务。

美国多形式互补的社区养老服务资源配置。美国是自由主义福利模式国家的典型，在养老服务资源配置中形成了完善的政府保障制度，在养老服务资源配置中强调个人价值，充分发挥活跃的民间力量和发达的商业体系的作用，形成了高度市场化的社区养老服务资源配置模式（Hungerford and Thomas，2003）。美国的养老服务资源供给体系包含居家养老、社区集中养老和专业机构养老。

市场是社区养老服务资源配置的重要主体。作为全球市场经济最为发达的国家，美国形成了发达的商业体系，在公共服务方面充分发挥市场在资源配置中的作用和功能，而政府的主要职责为政策制定和监督管理。在美国高度市场化的资源配置模式中，市场化直接融资的比重达到90%以上。在养老支付费用方面，由政府养老金、保险和个人理财等为老年人提供养老费用，其中政府养老金的比重为40%左右，更多的老年人通过商业保险和商业理财的方式来解决支付问题。

根据不同类型配置不同的客体。美国根据功能定位的不同将养老社区划定为生活自理型社区、生活协助型社区、特殊护理社区、持续护理退休社区。依托养老社区，通过社区养老服务资源的优化配置，为老年人提供全托、日托、互助养老及居家上门等不同形式的养老服务（Wang，2012）。从服务内容的角度来讲，美国社区为老年人提供集物质、照料、医疗和精神四个保障于一体的养老服务。美国在社区养老服务资源配置中，依托发达的市场经济，形成了多形式的社区养老服务资源配置模式。

第一，全方位照顾计划（PACE）的综合性养老服务资源供给模式。美国在社区养老服务资源配置中，将养老服务资源和健康资源有效结合在一起。1971年，美国在旧金山唐人街发起了第一个PACE，通过该计划的实施致力于寻找养老院护理的可替代方案。经过不断的探索优化，PACE已成为美国老年人护理的典型方案，在全美范围内得到推广和实施（Hirth et al.，2009）。PACE为身体虚弱和存在身体缺陷的老年人提供日间照顾和其他的养老服务，该计划由Medicare（联邦医疗照顾保险）和Medicaid（美国贫困者医疗补助保险）提供资金支持，主要为65岁以上身体机能存在不足的老年人及低收入老年人家庭提供资金帮扶。美国PACE的服务对象为居住在提供全方位照料机构内的老年人，通过将医疗资源和社会支持资源有效整合在一起，为老年人提供多形式的养老服务，实现养老服务资源的有效整合。PACE为老年人提供的服务主要涉及医疗服务、康复服务和社会支持服务。PACE的推出确保了老年人能够在家庭中享受综合性的养老服务，PACE中的服务者涉及医生、护士、社会工作者、营养学家、特定疗法技师及运输工人等，PACE组建了多专业协同的服务团队，通过多专业服务团队的协同，实现养老服务资源在社区内的高度整合，为老年人提供专业的社区养老服务。

第二，持续护理退休社区模式。美国政府在市中心周边地区发展退休老年人居家社区，在老年人居家社区内部配备各种类型的养老设备设施和活动场所（Anonymous，2003）。在社区内部建立老人公寓、护理院和老人院等基础设施，由社会组织和市场力量参与运营，为老年人提供生活照料、餐饮服务、陪护服务、家政服务、探访服务、法律咨询、心理慰藉、保健康复等多元化的服务。政府通过法律政策及护理保险间接确保老年人居家社区的持续运营，同时为鼓励家庭成员与老年人同住，政府出台了经济补偿及社会服务设施优先使用的鼓励政策（Liat and Ayalon，2014）。

第三，自然退休社区资源配置模式。自然退休社区是年轻人不断搬离社区之后，社区老年人比例逐渐提升而形成的社区。1985年，美国纽约滨南社区居民为6000人，而60岁以上的老年人占社区人口的75%以上，由此将其定位为自然退休社区。鉴于当时美国自然退休社区的数量庞大，美国政府开始逐渐推行自然退休社区养老服务资源供给模式。自然退休社区主要依托长期合作的社会养老服务资源提供者，为老年人提供医疗康复、健康教育等服务，通过将健康服务纳入养老服务中实现对老年人健康问题的提前预防。同时，自然退休社区与周边教育机构、商场、医疗机构等开展合作，通过合作的方式实现养老服务资源在自然退休社区内部的集聚，为老年人提供综合性、专业化的养老服务。

二　亚洲国家社区养老服务资源配置实践

日本政府全面主导、多主体参与的社区养老服务资源配置。日本作为全球老龄化步伐最快和老龄化程度最高的国家（Muramatsu and Akiyama，2011），自20世纪70年代以来，就确立了以居家社区养老为核心的养老服务资源供给模式。一方面，日本政府出台了大量关于社区养老的政策，这些政策涉及医疗、护理和住房等方面；另一方面，积极鼓励社会力量参与社区养老服务资源的供给。日本在社区养老服务资源的供给方面，形成了四种不同类型的社区养老服务资源：一是由政府主导的社区养老组织，政府不仅提供资金支持，同时指派管理人员和工作人员提供社区养老服务；二是在政府大力扶持下的社会组织所提供的社区养老服务资源；三是社区组织及社区志愿者团队为社区老年人提供的养老服务资源；四是由市场化的企业所提供的社区养老服务资源。

日本结合老龄化发展的特点和趋势，在社区养老服务资源配置中推动主体的多元化，调动各方资源和力量，以居家社区养老为核心进行资源配置，构建了分等级的居家社区服务体系（Aratame，2007）。日本政府积极引导企业、社会组织、社区、家庭等参与养老资源的配置，形成了以各级政府为主导，其他主体协同参与的社区养老服务资源配置格局，通过多主体之间的配合来提供高质量的居家社区养老服务。日本政府大力推动社区养老服务设施的建设，通过激励机制激发各类型社会力量参与社区养老的积极性，在不断的探索中形成了多元化的社区养老服务资源配置模式，同时强调家庭的养老基础功能（Kudo，2020）。

第一，以"家庭—社区"为中心的社会资源供给模式。日本传统上以家庭养老为主要模式，在第二次世界大战之后，随着日本家庭结构和社会结构的变迁，单一的家庭养老在社会的多元发展中难以为继。因此，从1960年开始，日本政府逐渐开始推动以"家庭—社区"为中心的日托养老服务，通过日托养老服务将居家养老服务和社区养老服务模式融合在一起，并且在社区内部配备了类型多样的养老服务设施。同时，日本大力发展住宅型养老院，养老院对具备自理能力的老年人开放，提供了丰富的居家养老服务资源。

20世纪90年代，日本厚生劳动省提出了"就地养老"的概念，自这一概念提出以来，在政府的支持下，日本对老年人家庭环境进行了大范围的适老化改造，政府提供财政支持，养老机构和医疗机构参与到适老化改造及家庭医疗制度的建立中来，此后，居家社区养老在日本得到大范围的推广。同时，日本针对年满65岁的老年人提供住宅适老化改造资金补助，协助老年人在家庭中安装适老化设备，进一步提升了居家养老服务的质量。

第二，以"集中型养老住宅"为特色的社区养老服务资源配置。从1995年开始，日本开始推行租赁式住宅项目，主要为高龄老年人提供社区养老服务。日本政府在租赁式住宅项目的发展中，提供大量的政策支持和财政扶持，

städt

通过优惠政策和财政补贴引导房地产开发商修建"集中型养老住宅"小区，在规划设计中，以"适应终生生活设计"为基本原则，通过合理的规划创造"邻里交流空间"，在住宅区内配备无障碍设施，确保"全方位无障碍的设计"（Bachmann，2014；Yu et al., 2016）。在住宅内部基础设施规划建设方面，结合老年人的需求预设多样化的室外活动场所和室内活动场所，为老年人提供下棋、聊天、健身、娱乐、互动交流等活动空间。日本政府在土地、税收及金融等方面给予民间资本的政策支持力度较大，通过在社区中形成养老服务综合体，以市场的力量实现资源的有效配置，有效提升了社区养老服务的质量和供给效率。

日本在社区养老服务资源的优化配置方面，十分重视专业服务队伍的建设，形成了专业化的居家社区养老服务队伍。在社区养老人力资源配置中，为进一步提升养老服务的专业化水平，日本政府在1987年颁发了《社会福祉士及介护福祉士法》，经过多年的不断优化和修订，为日本社区养老人才培养体系提供了法律依据。日本福祉学校包含福祉系高中、高职专业学校、短期大学及四年制大学，形成了多层次、多体系的养老服务专业人才培养模式，并且构建了国家资格认证体系。在介护福祉士人才培养中，日本通过研究型大学来培养高水平、高层次和高素质的介护福祉士人才，健全的人才培养体系为日本养老服务的高质量发展提供了人才保障。

新加坡政府领导下多元主体参与的社区养老服务资源配置。新加坡的人口老龄化问题也较为突出，为有效应对，新加坡逐渐形成了以社区养老为核心，政府主导、多元化主体参与的社区养老服务资源配置模式（Asher and Nandy，2010）。

在社区养老服务资源配置中，新加坡政府主要承担基础设施建设和基础资源配置的责任，由公共财政和社会捐赠投资社区养老基础资源的建设。在服务的供给方面，则主要通过企业、社会组织、志愿者团队等提供内容丰富的社区养老服务。新加坡政府通过有效的引导措施形成了多主体参与的社区资源供给网络，有效减轻了政府的财政压力，同时通过发挥不同主体的优势，将政府从繁杂的服务中解脱出来，成为社区资源配置和社区养老服务规划的主导者，通过多主体多网络的协同运作提升了社区养老服务资源配置的效率，形成了完善的社区养老服务资源供给网络（Harper，2006）。

新加坡政府在2016年推出"幸福老龄化计划"，在每个社区留有足够的空间为老年人提供养老场所，通过适老化改造提供适合老年人居住的社区环境。在各社区内部配备老年人日托中心、康复中心，为老年人提供精细化的照料服务。新加坡政府立足老年人需求，大力推动社区医院的发展，为老年人提供社区医疗服务和健康服务等多元化的医疗服务，实现高度融合的医养服务供给。依托完善的社区养老服务设施，由照护机构、综合诊所等专业化机构为体弱多病的老年人提供居家养老服务，具体内容包括老年餐桌、居家照护、医疗保健、家庭姑息照护等综合性居家上门服务。

在社区养老服务设施资源配置方面，新加坡各地政府通过政府补贴和社会捐赠的方式为居民提供民众联络所，为包括老年人在内的居民提供社区休闲空间，满足社区居民的文化生活需求。民众联络所内部设立各种不同的文化活动中心、多功能室、会议厅、运动场所。借助民众联络所这一社区空间资源，老年人能够获得完备的休闲文化设施和空间，民众联络所将不同年龄段的社区居民融合在一起，为老年人社区文化生活创造了良好的氛围。

为解决日益严重的老龄化问题，新加坡政府从1998年开始推动"乐龄公寓"项目。"乐龄公寓"由政府独资或者是公私合营的方式建设，是结合老年人的特点及生活需求开展的养老地产项目，是新加坡政府为老年人提供的居家社区养老模式。"乐龄公寓"项目已成为新加坡居家社区养老的主要模式之一，新加坡公民在年满55周岁之后可以提出入住申请。新加坡政府对"乐龄公寓"的建设和开发进行统筹规划，在金松、金柳、金棕、金香、金莲和金栋基础设施完善、商业发达的区域建设了"乐龄公寓"区。"乐龄公寓"的运营采取政府定价模式，产权一般为30年，老年人可结合实际需求申请延长10年，按照政府规定，"乐龄公寓"不可转售，如果到期后老年人不再需要"乐龄公寓"，按照政策要求只能卖回给建屋局，通过这一规定确保"乐龄公寓"的养老服务属性。"乐龄公寓"为12~14层的多功能建筑，为老年人提供35~45平方米的住房，其中整个建筑的一层和二层专门提供给养老服务机构和老年人活动中心使用，内部设置休闲场所、娱乐场所、诊疗中心、心理服务中心等综合性的养老服务场所。

新加坡在社区养老服务资源配置方面，除了大力兴建社区养老服务设施和"乐龄公寓"之外，考虑到老年人对家庭的依赖，推出了能够满足几代同堂的组屋户型，通过价格优惠措施和购房津贴等不同的形式鼓励老年人子女与老年人合住，推动家庭继续发挥养老服务资源供给主体的功能。

第二节　国内社区养老服务资源配置的实践经验

一　北京"三边四级"社区养老服务资源配置

第七次全国人口普查数据显示，北京市60岁以上老年人口比例为19.60%，与2010年相比，60岁以上老年人口比例提高了7.10个百分点，表明北京市老龄化的速度较快，且老龄化程度将不断提升。北京市在应对人口老龄化方面，以老年人及其家庭的基本诉求为出发点，以社区为核心进行养老服务资源配置，构建了以家庭和社区为核心的居家社区养老服务体系。

2015年，《北京市居家养老服务条例》出台并施行，为贯彻落实条例的要求，北京市在社区养老服务资源配置中，通过整合各类型的资源构建了市级指导、区级统筹、街乡落实和社区参与的"三边四级"的养老服务资源供给体系。

在北京市"三边四级"养老服务资源供给体系中，社区驿站是资源供给的核心平台，区级养老服务中心结合全区养老服务需求，为居家社区养老服务提供各方面的指导，在社区资源的具体配置中，发挥社区驿站和街乡养老照护中心两个平台作用，统筹区域内企事业单位及社会组织的各类型资源为老年人提供周边、身边、床边的"三边"养老服务资源供给。

北京市倡导家庭养老服务的发展，鼓励家庭成员及亲朋好友为老年人提供生活照料、心理慰藉等各方面的服务。以社区为资源整合平台，非营利组织、营利组织和志愿者组织提供专业化的社区养老服务，充分利用社区养老服务设施，在区级统筹和街乡指导下提供专业化的居家社区养老服务，为老人提供生活照料、家政服务、医疗保健、精神慰藉、权益保障、餐饮配送、物资协助、紧急呼叫、健康体检、康复护理、文化娱乐、老年教育等一系列综合性的养老服务。

北京市充分发挥信息化的优势，大力推动信息化建设，以信息化平台为依托，实现对各类型资源的高度集成，为老年人构建了健全的养老服务和健康服务网络。在信息化资源的配置中，建立老年人健康信息化服务平台，收集老年人基本信息、诊疗信息、健康信息、服务需求信息等，形成高度集成的信息化数据库平台，通过信息化平台建设推动信息共享，实现各级养老服务资源与老年人需求的高度匹配，为老年人在社区和家庭内提供精准的养老服务（Wyatt-Brown，2017）。

北京市在社区养老服务资源配置中，将人力资源作为核心资源要素，加强社区养老服务人才的培养及配置，在市属综合大学、高职院校、中职院校及护理学校等开设老年护理及相关的专业，培养居家社区养老服务人才。同时，北京市建立了养老服务人才的准入机制，划分不同的等级，通过资格认证实现养老护理员等相关专业人员持证上岗，在一定程度上实现了社区养老服务人才资源的专业化配置。

二　上海社区嵌入式养老服务资源配置

上海市是我国人口老龄化最为严重的大城市之一，在1979年就已进入老龄化社会，为解决养老问题，在社区养老服务资源配置方面进行了一系列的探索，形成了符合上海老龄化发展特点的资源配置模式。在政府主导下，上海市社区养老服务资源配置呈现出多主体配置的格局。上海市政府在养老设施资源的配置供给方面提出"两级政府、三级管理"的基本原则，致力于推动三级，即市、区和街道三级管理目标的实现。

在以社区为核心载体的养老服务资源配置中，上海市政府通过制定法规政策为养老服务资源配置提供总体思路，同时合理安排财政资金，为社区养老服务资源的配置提供财政补贴和税收优惠政策。辖区各区（县）级政府结合辖区内养老服务市场的需求，建立区（县）级居家养老服务中心；街道、社区则以老年人具体的需求为基础，整合街道、社区的各类型资源分别构建街道居家养老服务中心和社区居家养老服务社，发挥其资源整合的平台作用，以社区为载体吸纳各类型养老服务资源和医疗资源，为老年人提供所需要的各类型资源。

上海市为进一步贯彻落实《上海市深化养老服务实施方案（2019—2022年）》，依托社区嵌入式养老服务体系，以老年人服务需求为出发点，加强社区养老服务资源的优化配置。社区嵌入式养老服务体系是以社区为养老服务阵地，围绕老年人在生活、康复、护理和精神慰藉等层面的需求，在社区内部嵌入功能性设施，通过服务资源的引入和配置为老年人提供适配性服务和情感支持的社区养老模式。上海市在社区内部以老年人需求为导向，设置社区日间照料中心、助餐服务点、助老服务社、社区卫生服务中心及标准化、多功能的老年活动中心。依托上述社区养老服务设施为老年人提供专业居家养老服务。上海社区嵌入式养老服务体系的具体内容如表4-1所示。

表4-1　上海社区嵌入式养老服务体系

资源配置属性	具体内容
布局主体	由街道办事处、镇（乡）人民政府及相关部门结合区域内老年人养老服务需求进行合理的规划布局
服务范围	结合老年人口分布情况，根据"15分钟服务圈"的目标进行资源配置
资源供给	在每个"15分钟服务圈"内，建设1家社区养老服务综合体、多个社区服务站，实现两级社区养老服务资源配置的目标
应用场景	由专业服务人员为"15分钟服务圈"中的老年人提供助餐、助浴、助洁、助医、助急、助行等综合性服务。在社区服务站点，结合老年人服务需求，为有需要的老年人提供生活照料服务，并开展互助式养老服务
服务功能	设置8类24个通用养老服务项目；同时以社区为平台，结合老年人需求，通过资源整合构建差别化和个性化的养老服务模式

在居家社区养老服务资源配置中，上海市将人力资源作为主要的养老服务资源，开设养老护理员培训班，将老年护理知识、护理操作、保健知识、紧急救护知识、医疗健康知识和心理照护知识融入其中，按照政策要求，养老护理员在完成培训之后须参加考核，对于考核合格的培训对象发放培训合格证，实现居家社区养老服务人员持证上岗。

三　广州多主体参与社区养老服务资源配置

第七次全国人口普查数据显示，广州市60岁以上老年人口比例为11.41%，与2010年相比提升了1.67个百分点。相对来讲老龄化速度较慢。广州市在社区养老服务资源配置中，多措并举推动构建"居家为基础、社区为依托、机构为补充"的养老服务资源供给体系，搭建"区综合体—街镇综合体—村居活动站点"三级养老服务资源配置体系。广州市在社区养老服务资源的配置中，大力推动镇街综合养老服务中心和社区嵌入式养老机构的建设，构建了"机构、社区、居家"的资源配置模式。

2005年，广州市开始准备在全市范围内试点居家养老服务模式，经过两年的准备和试点，在2007年正式开始推行居家养老服务模式。为推动社区养老服务资源的高效配置，广州市于2008年出台《广州市社区居家养老服务实施办法》，在2012年对该文件进行了修订，对社区居家养老服务进行了更为详细的规定。此后，广州市在社区居家养老服务的发展中，先后出台《广州市社区居家养老服务改革创新试点方案》《社区居家养老服务管理办法》《在社区建设护理站的实施方案》《社区居家养老服务规范》《关于印发进一步深化社区居家养老医养结合服务的实施意见的通知》《广州市长期护理保险试行办法》等政策文件，这些政策文件的出台为广州市社区居家养老服务的持续创新发展提供了政策依据和政策导向，促进了广州市社区居家养老服务的快速发展。

在社区养老服务资源配置中，广州市以政府主导、各职能部门协同、社会参与和公众互助的形式形成了多主体参与社区养老服务资源配置的模式。

广州从可及性和便利性的角度出发，提出了构建"10 分钟社区居家养老服务圈"的社区居家养老服务目标，通过引导社会力量参与，推动社区养老服务资源的市场化、专业化、规模化和多元化配置。

广州在社区居家养老服务资源配置中，以助餐配置为基础项目，结合社区养老服务的需求，在全市社区内构建了"养老大配餐"服务体系。依托社区"长者饭堂"，将医疗、护理、康复、心理等服务融入其中，为老年人提供综合性的养老服务。同时依托家庭医生签约服务、社区护理站和长期护理保险制度大力推行社区居家医养结合服务，有效满足了老年人的养老服务需求。

四 香港多中心协作的社区养老服务资源配置

香港在 20 世纪 80 年代初进入老龄化阶段（Woo，2013；Kan and Chui，2021）。香港早在 1977 年就提出了"家居照顾"的概念。1979 年，香港在养老服务资源配置中明确提出"依托社区的家居照顾"的养老服务资源配置模式。2003 年，香港特区政府推出"长者安居乐住屋计划"，政府通过计划拨款为老年人养老服务资源配置提供资金支持。香港在不断的探索和改革中，形成了由政府、社区、家庭和社会组织协作的多元化社区养老服务资源配置主体（Marcusroberts，2014；Wong et al.，2018）。香港社会福利署、香港卫生署、医院管理局、香港房屋署等多部门协同承担社区养老服务设施建设，并且搭建社区养老服务体系。

在社区养老服务资源配置中，香港引入非营利组织、社会组织及非政府组织，呈现社区养老服务资源配置主体多元化的特点，以家庭为基础，发挥社区在养老服务资源配置中的平台作用，在政府的大力主导下，社会组织及市场力量充分发挥各自的优势，不断提高社区养老服务资源配置的丰富性（Hamilton et al.，2011）。

香港社会推崇"敬老孝亲"的文化，充分发挥家庭在社区资源供给中的作用和功能，协助老年人在熟悉的社区环境中颐养天年是香港养老服务的基本目标。社区作为相关养老服务资源配置的核心载体，充分发挥资源汇集功能，在内部配置了丰富的养老服务资源。

香港以社区为载体，在社区内部建立了老年人活动中心、综合服务中心、日间照护中心、保健服务站、支持中心、度假中心、老年人邻舍中心、平安钟服务中心等不同功能的老年人服务中心，这些服务中心各自承担相应的职责，构建了各司其职、相互协作的多中心社区资源供给平台。

香港在社区养老服务资源的配置中，通过整合社区、家庭和其他社会力量构建了老年人社会支援资源供给网络，涉及多种类型资源，大部分的经费由政府提供，同时还通过社会筹资的方式来筹集经费。香港特区政府以支持服务组织和服务机构的发展为主，依托专业化社会组织为社区老年人提供专业化社区养老服务。

香港的社区支援服务类型繁多，不同服务类型之间存在一定的功能重叠，功能的重叠能够为老年人提供无缝隙长期照顾服务（He and Tang，2021）。其中，社区养老服务中心实体资源、社区照顾资源和居家照顾资源是香港社区养老服务的三大资源模块。在实体资源体系中，不同类型服务中心承担不同的服务功能，例如，"老年人邻舍中心"以为社区老年人提供综合性的服务为宗旨；"长者地区中心"服务覆盖范围较大，所提供的服务资源类型也更为全面，主要以专业的服务方式传递"在地养老"的社区养老服务理念；"日间照护中心"则以为老年人提供日间照护服务为主，其在内部配备了医疗护理、康复训练等设备设施，能够提供高层次的医养结合照护服务。居家照顾服务包括日常生活照护服务中的普通个案服务和伤残、体弱个案服务。

除此之外，香港还大力发展"长者支援服务队"，由社工和志愿者组成外展团队开展外展服务，挖掘社区具有隐蔽需求的长者，有针对性地为长者搭建社区网络资源供给体系。

为提高社区养老服务资源配置和使用的效率，香港社会福利署从2000年开始引入"安老服务统一评估机制"，对老年人服务需求进行评估，由经过"长者健康及家居护理评估"培训认定的社会工作者、护士、职业治疗师等相关人员开展老年人需求评估，以评估结果为基础实现社区养老服务资源的精准供给。

五　台湾"居家养老服务支持中心"社区养老服务资源配置

台湾人口老龄化程度高，通过不断的探索，逐渐形成了以社区为阵地的资源配置模式。台湾地区在社区养老服务资源的配置方面形成了"以居家社区式照护为主，机构式照护为辅"的资源配置格局，社区养老服务资源配置的核心目标在于实现"就地化"养老，充分发挥社区和家庭在养老服务资源配置中的基础性作用，形成了以家庭为核心的在地养老模式。在社区养老服务资源配置中，台湾以"双年金制度"——"居民年金"和"劳保年金"为核心保障机制，二者在覆盖人群的年龄上相互衔接，并为"老有所养"提供了可靠保障。"双年金制度"纳入了各项社区养老服务，促进了资源的流动和配置。

台湾各级行政机构是社区养老服务资源配置及服务供给的核心主体，其在社区照顾体系中起到主导性的作用。在社区养老服务资源配置中，政府扮演包括资源的直接供给者、监督者、经费支持者等在内的多重角色，通过购买服务的方式整合了精神卫生、护理、康复、医药、生活照护等各类型机构的资源，构建了完善的社区养老服务资源网络。

台湾地区在社区养老服务资源的供给方面，由不同类型的主体提供资源供给，结合不同老年人的服务需求，采取不同类型的福利供给方案。为提高社区养老服务资源配置的效率，台湾专门成立了社区照顾管理中心，由社区照顾管理中心联合县、市政府对社区照顾进行监督，通过合理的监督规范社区照顾服务。

一是政府积极鼓励各类型的民间非营利组织参与社区照护，由政府通过购买服务的方式为老年人提供多元化的社区照顾服务。二是积极整合多专业服务人员提升社区照顾的专业性，例如医学、社工、教育、护理、心理等专业的服务人员，针对多专业服务人员开展分层分类的培训，不断提升社区照顾的专业性。

2007年，台湾地区为应对人口老龄化的压力，结合区域内文化、人口和经济发展趋势推出了以长期照料体系为核心的"社区照顾十年计划"，该计划的推行也标志着台湾社区照顾模式逐渐走向成熟，台湾通过该计划的实施实现了对社区养老服务资源的高度整合。台湾推出的"社区照顾十年计划"以构建完善的社区养老服务资源供给体系为核心理念，由政府主导在社区内部成立"居家养老服务支持中心"，该中心通过整合社区养老服务资源，实现居家和社区养老服务的统一。

台湾"社区照顾十年计划"以社区养老服务资源配置为核心，依托居家、机构和社区照顾形成完善的社区养老服务资源体系。其中，居家养老服务支持中心是社区照顾服务实施的主要载体，实施经济补助、医疗照护、健康咨询、日间照护、餐饮配送、生活照料、精神慰藉及设施维护等一系列精细化的养老服务，为老年人提供精细化的养老服务。受中国传统文化中孝道文化的影响，台湾在社区养老服务资源配置中十分重视家庭的作用和功能，大力提倡家庭提供社区照护服务资源，强调多代同堂的大家庭居住形式。台湾通过出台相关规定来支持社会组织、社区和家庭在社区照顾中协同，鼓励不同主体积极参与"社区照顾十年计划"，同时为各类型社区照顾实施主体提供多元化的培训服务，不断提升社区照顾的专业化程度。

第三节　社区养老服务资源配置实践经验启示

一　政府在社区养老服务资源配置中具有引导作用

政府作为公共服务的核心供给者，在社区养老服务资源配置中扮演着核心的角色，政府通过市场化的改革，激励企业、社会组织、家庭、志愿者等开展社区养老服务资源的配置及养老服务的供给。即便是自由主义模式的英美国家，在社区养老服务资源配置中，虽然以市场化为核心的资源配置路径，但是政府通过严格的监管转移支付的方式确保贫困老年人享受基本养老服务。例如，美国作为全球市场化程度最高的国家，在社区养老服务资源的配置中，政府仍然发挥着资源配置的兜底功能，为无力解决养老支付问题的老年人提供经费补贴。我国香港通过政府购买服务的形式引入社会力量，以社会力量的运营为主导，构建了高效的社区养老服务资源配置模式。

健全社区养老服务资源配置的法律政策。按照新公共管理理念，在社区养老服务资源配置中，政府需要实现从"划桨者"向"掌舵者"的角色转变，在社区养老服务资源配置中做好制度建设和政策资源供给。健全的法律政策是确保社区养老服务资源优化配置的基础，可以为城市社区养老服务资源配置提供制度保障，因此在我国城市社区养老服务资源配置中，政府要结合养老服务需求，建立健全法律政策体系，为社区养老服务资源配置提供制度保障。例如，日本政府在养老服务资源供给中，建立了一系列法律制度，为养老服务资源配置提供了有效的依据。具体来讲，我国各级政府要从城市社区养老服务的需求出发，制定涉及多个层面的养老服务资源配置制度，形成完善的政策体系。同时结合养老服务需求的变化及社会经济环境的变化及时对政策进行优化和调整，实现政策供给的动态化。强化对政策执行的监督，通过有效的监督确保城市社区养老服务资源配置政策的落地（Sumini et al., 2020）。

加大财政投入力度，注重养老服务财政投入。高质量的居家社区养老服务有赖于完善的社区养老服务资源体系。以政府为主导的社区养老服务资源配置要求政府加大财政投入力度，大力兴建社区养老服务基础设施，为家庭适老化改造提供财政资金和补贴，通过财政资金投入强化家庭的养老功能，实现"家庭—社区"养老服务资源的互动匹配，全面提升居家社区养老服务资源的供给能力（Zhou et al., 2018）。老龄化先发国家和地区在社区养老服务基础设施的建设中，大部分以政府财政投入为主。除基础设施建设之外，在物力、人力等社区养老服务资源的配置方面，将政府财政投入和保险金制度的融资功能融合在一起，为社区养老服务资源配置提供资金来源。例如，美国的PACE、德国的长期护理保险及北欧的公共财政支出，均承担了社区养老服务资源配置基本融资的职能，同时以养老保险为手段实现不同资源的整合

（Athena et al.，2021；Zheng et al.，2019）。

建立健全社区养老服务人才培养机制。国内外先进地区在城市社区养老服务资源配置中，十分重视养老服务专业人才队伍的建设和配置。因此，在我国城市社区养老服务资源配置中，政府要重视人才的培育。从我国养老服务人才的现状来看，特别是养老护理员队伍，由于社会地位低、薪酬水平不高，人才供给严重不足，要改变这一现状，政府部门必须加大对包括养老护理员队伍在内的养老服务人才队伍建设的支持力度。我国政府在养老服务人才队伍的建设方面，可借鉴日本的做法，由政府统筹养老服务人才队伍的建设。一是要加强对"敬老孝老"文化的宣传，改变社会对老年人的传统认知，营造积极的养老社会氛围。通过加强宣传来提升养老服务人才的社会地位，将养老服务人才纳入国家职业体系认证中，出台相应的激励机制，给予养老服务岗位相应的补贴，通过提升社会地位以及提供相应的岗位激励来激发养老服务人才的内生动力，增强养老服务岗位的吸引力，从整体上增加养老服务人才的供给数量。二是创新人才培养机制。在社区养老服务人才的培养方面，政府需要发挥其主导作用，加强对包括养老护理员在内的社区养老服务人才的教育培训。出台激励机制鼓励高等院校、中等职业院校设置养老服务专业，创新养老服务人才教育机制，积极推动"双元制""师徒制"人才培养机制的应用，不断提升养老服务人才的专业能力。三是加强对志愿者以及老年人家庭成员的教育和培训，提升老年人家庭的照护能力，进一步提升养老服务人才的供给能力。通过专业化队伍的建设和社会人力资源的整合利用有效提升社区养老服务人力资源的配置效能。四是推行持证上岗，提升养老服务人才的专业化水平。在专业人员的准入方面，制定严格的资格认证标准，构建符合我国社会实际情况的养老服务人才职业资格认证体系，不断提升养老服务人才的专业化程度。

二 引导社会力量配置专业化社区养老服务资源

随着人口老龄化的不断加剧，老龄化先发国家和地区在社区养老服务资源的配置中，通过政策鼓励及市场化改革引入社会力量，进一步提升了社区养老服务资源配置的专业化程度（Alexey et al., 2015）。

进行适度的市场化改革，发挥市场的资源配置优势。一是通过财政支持、标准体系的制定引导市场力量的参与。在社区养老服务资源配置中，政府虽没有直接参与资源配置及服务供给，但通过法律法规的制定、标准的制定、财政支持及审核监督等多种举措主导社区养老服务资源的配置，承担社区养老服务资源配置的主要责任。在社区养老服务资源配置方面，市场化是各国和各地区城市社区养老服务资源实现高效率配置的主要方式。二是借助市场化在资源配置中的功能提高城市社区养老服务资源配置的效率。市场化是资源配置的核心路径，在不改变城市社区养老服务资源养老属性的基础上，以市场化为资源配置模式提升城市社区养老服务资源的配置效率。各国、各地区在社区养老服务资源的配置中，通过市场化改革，充分发挥企业、营利组织、非营利组织、社区组织的优势，结合社区养老的实际需求进行资源的有效配置。例如，在社会福利主义的瑞典模式中，虽然国家承担着主要的养老责任，但其通过市场化有效提升了社区养老服务资源配置的效率。再如，有限责任政府的德国以及高度市场化的美国均通过市场化来提升资源配置的效率。市场经济会迫使企业及其他主体不断提升社区养老服务资源的供给质量，同时也促使其开发新的资源来适应市场的需求。

通过多主体、多专业的协同提升社区养老服务资源配置的专业性。世界各国及各地区十分重视社区养老服务专业能力和专业水平的提升，通过配置专业化的服务队伍来提升社区养老服务的专业化水平。通过多主体、多专业的协同，一方面，能够分级分类地进行社区养老服务资源的配置，为老年人提供专业化的服务，满足老年人养老的需求；另一方面，能够提升社区养老服务资源的利用效能。一是发挥不同主体的优势，提升城市社区养老服务资源配置的专业性。政府在多元化社区养老服务资源配置中，通过政策制定、宏观指导、资金支持、监督管理及多主体关系协调来推动社区养老服务资源的专业化配置。企业及其他市场主体在参与的过程中，按照市场化的原则，以老年人对社区养老服务的需求为出发点进行社区养老服务资源配置。社会组织在参与社区养老服务资源配置的过程中，遵循非营利性原则，发挥其在社区养老服务资源配置中的作用，凝聚社会力量，不断丰富社区养老服务资源。志愿者服务队伍在参与社区养老服务中，主要通过上门探访、参与社区活动等方式丰富社区养老的服务主体及服务内容。二是推动互助性养老的发展。家庭是社区养老服务资源配置及服务供给的核心主体和基础性主体。因此，在我国城市社区养老服务资源配置中，要倡导和鼓励家庭参与到服务中，可通过建立激励机制和鼓励机制的方式促使家庭成员、亲朋好友为老年人提供居家养老服务。在社区养老服务资源配置中，积极发展互助养老模式，借鉴德国的"储蓄时间"模式，以社区为主体，积极引导老年人及其他社区群体参与"互助组"，引导社区力量积极参与互助养老，提升社区养老服务资源的供给效率。在家庭养老功能的挖掘方面（Hou，2021），借鉴德国"多代同堂小区"和"多代屋"的模式，通过建立激励机制鼓励家人与老年人同住。

建立健全城市社区养老服务资源监督体系。一是建立政府监督机制。在我国城市社区养老服务资源配置的市场化改革中，为防止市场化改革可能带来的风险，政府要加强对市场化养老服务资源供给的监督，避免城市社区养老服务资源供给过度市场化导致供需结构性差异。例如，瑞典在养老服务资源配置中，在市场化改革的过程中始终加强政府的引导和监督。高度市场化的美国在养老服务资源的供给和配置中也建立了健全的监督管理制度。政府要建立健全监督机制，对城市社区养老服务资源供给的类型、定价、使用等各方面进行监督。二是健全社会监督体制。除政府监督之外，要建立健全社会监督机制，为新闻媒体及社会大众参与城市社区养老服务资源配置、供给和使用的监督提供有效的渠道。通过多维度、立体化的社会监督，规范市场在城市社区养老服务资源配置中的行为，在发挥市场提升城市社区养老服务资源配置效率功能的基础上，防止过度市场化导致城市社区养老服务资源的无效率供给，防止我国城市社区养老服务资源的错配，提升城市社区养老服务资源配置的效能。

三 注重以综合性资源回应老年人多元化需求

社区是养老服务资源配置的核心载体，合理化的社区养老服务资源配置能够充分发挥社区在资源配置、力量汇聚等方面的平台作用。在人口老龄化加剧的背景下，老龄化先发国家和地区将社区作为各类型养老服务资源配置的载体，实现了服务设施、资金、组织、人才、技术等养老服务资源的汇集（Yang et al.，2020；Kholostov，2020）。随着人口老龄化的加剧及老年群体需求的不断增加，我国要充分发挥社区集聚养老服务资源的平台功能，通过合理的规划进行综合性社区养老服务资源的配置，进而回应老年人多样化的需求。

不断丰富城市社区养老服务资源供给的类型。在市场经济不断发展的背景下，老年人对养老服务资源的需求已从传统单一维护生存的需求转向多元化、高品质的需求。因此在养老服务资源供给方面，需要不断丰富城市社区养老服务资源的配置类型。一是加强基础设施建设，增加物力资源的供给。一方面，要结合实际需求，大力推进社区日间照料中心、社区医院、社区文娱中心、集中养老住宅、公寓等社区居家养老设施的建设。在社区基础设施建设中，对社区空间进行整合利用，为老年人提供各类型的活动空间，为老年人社会参与提供足够的空间支持。同时，可借鉴美国的退休社区、德国的养老公寓及新加坡的乐龄公寓等资源配置方式，结合城市老年人口分布的情况，在条件允许的情况下建设专门的养老社区。为了发挥家庭在社区养老服务资源配置中的功能和作用，要进一步引入市场化机制进行大范围的家庭适老化改造，依托社区资源，通过家庭适老化改造提升家庭和老年人自主养老的能力。另一方面，借鉴北京"三边四级"和上海"社区嵌入式"资源配置模式，在物力资源的配置方面采取分级分类的城市社区养老服务设施配置模式，发挥市级、区级政府的指导和协同功能，提升街道、社区养老服务资源的供给能力。二是通过多元化渠道加强财力资源的优化配置。以政府投入、社会捐赠、养老保险、家庭负担等形式构建多元化筹资渠道，在解决老年人养老服务支付问题的同时，通过多元化筹资渠道减轻政府财政压力，为社区养老服务资源配置提供多元化资金来源。同时，政府要加强对资金的监督管理，提升养老服务资源的使用效率。三是注重文化资源的配置。在城市社区养老服务资源配置中，要提升对文化养老的重视程度，充分考虑老年人在精神层面的需求，积极为老年人参与文化活动和公共活动创造良好的条件和机会。在社区内部配备丰富的文化资源。在城市社区养老服务资源的配置方面，要不断探索"文化养老"的新业态和新模式，配置各类型的文化资源，加大老年教育资源的供给力度，为老年人社会参与提供有效的途径（Carlin，2020；Chen and Zhou，2017）。

发挥信息化平台的功能，实现城市社区养老服务资源的互联互通，实现社区养老服务资源的精准供给。在信息化快速发展的背景下，信息技术和信息平台在社区养老服务资源配置中能够实现不同类型资源的整合。例如，美国是全球信息化最发达的国家，借助这一优势大力推动社区养老的信息化发展，形成了高度发达的信息化资源配置模式。再如，北京市在社区养老服务资源配置中，重点建设信息化精细化管理平台，通过信息化建设为老年人提供精细化、有针对性和专业化的社区居家养老服务（Stoller and Pugliesi，1988）。因此，在我国城市社区养老服务资源配置中，要通过信息化建设进一步提升社区养老服务资源配置的效率，借助信息化平台实现社区养老服务资源的高度整合和高效率分配，实现社区养老服务资源供给与老年人社区养老服务需求高度匹配，进一步提升社区养老服务资源的利用效能。一是要利用互联网和信息化平台提升沟通协同效果。在多元主体参与的城市社区养老服务资源配置中，各主体之间需通过信息化渠道开展充分的沟通交流，建立多方协商沟通机制。以城市社区为阵地，借助城市社区养老服务资源信息化平台，建立健全纵向和横向沟通机制，畅通信息传达渠道，提升城市社区养老服务资源配置的协调性，实现各主体之间的高度协同。二是建立信息共享机制，提升城市社区养老服务资源供给的精准性。借助信息化平台实现养老服务资源配置和供给的物联化、互联化和智能化。搭建多功能的数字化平台，配备高科技智能化设备，对老年人需求进行动态化监测，通过对养老服务资源的精准配置为老年人提供精准的养老服务。

第五章
城市社区养老服务资源优化
配置理论模型

如前所述，深圳作为中国最年轻的城市，以全面建设"老有颐养"民生幸福标杆城市为目标，坚持需求导向、问题导向、供给导向，在城市社区养老服务资源配置上逐步探索了初步的框架与思路。本章将以深圳城市社区养老服务资源配置框架为依据，借鉴国内外城市社区养老服务资源配置的实践经验，运用福利多元理论、新公共管理理论、匹配理论等关于配置主体、配置客体、配置标准等的理论，从资源配置政策目标出发，结合获得力、需求力、承受力、配置力的分析框架，探索构建城市社区养老服务资源优化配置理论模型，为我国城市社区养老服务资源优化配置提供理论指引。

第一节　社区养老服务资源优化配置要素选择

通过对2000年以来社区养老服务资源政策内容中涉及的资源配置主体、社区养老资源、社区养老服务、资源配置标准、资源配置目标、资源配置保障等多个方面的梳理，并从这几个维度构建社区养老服务资源配置政策内容体系，可以为社区养老服务资源配置提供政策依据。本研究全面梳理了我国2000～2021年国家出台的涉及养老服务的105部政策文件，基本上对我国养老服务相关政策进行了全景式扫描，为分析城市社区养老服务资源配置提供了重要参考。此外，对2002～2021年深圳养老服务相关政策进行了全面梳理，其政策主要集中在2015年以后，此前仅有零星的养老服务政策，共汇集了27部深圳养老服务政策文件。本研究对政策文本进行了关键词抽取，按照主体、客体、标准筛选了一些关键词，通过归类、合并等分析处理，为社区养老服务资源优化配置理论模型构建提供了参考。

从配置主体来看，相关文件中涉及政府、社会、市场、社区、家庭等。政府主体主要通过社会政策等引导社区养老服务资源参与养老服务。社会主体主要是指社会组织等社会力量参与社区养老服务资源配置。市场主体主要是企业等工商主体参与社区养老服务资源配置。社区主体主要是在社区场域中利用社区养老服务设施参与社区养老服务。家庭主体主要是依托家庭关系提供相关服务（见表5-1）。

表5-1　社区养老服务资源配置主体要素

项目	分类	要素描述
资源配置主体	政府	政府扶持；政府主导；将养老机构提供的居家社区养老服务纳入补贴范围
	社会	社会兴办；独资；合资；合作；联营；参股；社会参与；社会服务企业；PPP模式；养老机构、社会组织、社工机构、红十字会
	市场	市场推动；积极培育居家养老服务企业和机构；社会组织及家政、物业等企业；发挥保险资金长期投资优势，通过多种投资形式，支持新建和改扩建社区养老服务机构；金融机构参与网点布局优化
	社区	倡导邻里相助和结对帮扶；改造利用现有闲置厂房、社区用房等兴办养老服务设施；鼓励学校参与社区养老服务供给，丰富社区养老服务内涵
	家庭	居家养老；家庭服务业；个人利用家庭资源在社区开展助老服务

从资源配置客体来看，人力资源主要包括医生、护士等专业技术人员及养老护理员等；财力资源包括各类主体为社区养老服务投入的一切资金的总和，包括政府财政投入、社会慈善捐助、社会资本筹集；物力资源主要包括投向社区养老服务的一切设施、服务项目等，物力资源是社区养老服务资源配置的重点，也是切合老年人服务需求的体系化项目构成；信息化资源主要包括线上服务平台、科技服务产品等（见表5-2）。

表5-2 社区养老服务资源配置客体要素

项目	分类	要素描述
资源配置客体	人力	培养老年医学、心理学、管理学、营养学以及护理学等多领域多层次的职业技能人才；基层医疗卫生服务和管理人员；从事养老服务和管理的相关人员；社区全科医生；社区护士队伍；志愿者队伍；鼓励老年人发挥余热，老年志愿服务活动；社工；学生；养老护理员
	财力	财政资助；社会资本；专项资金；资助项目；经济供养；金融产品
	物力	各类设施：社区服务设施；社区服务网点；综合示范性社区福利服务中心；科教文卫活动场所；老年群众组织；居家养老服务设施；医院、社区卫生服务机构、疗养院、门诊部等医疗机构；城市公共适老化服务设施 服务项目：医疗卫生服务；照料服务；精神文化养老生活服务；家政服务；心理咨询；康复服务；紧急救援；文化学习；老年人参与社会；居家养老；辅具配置；法律服务；老年护理、慢性病护理、临终关怀等；医养结合服务；长期照料、护理康复和社区日间照料；健康管理服务；休闲康养
	信息化	社区养老服务一体化信息管理和服务平台；信息互联共享；利用物联网、云计算、大数据、智能硬件等新一代信息技术产品

从资源配置标准来看，通过政策梳理可以发现，社区养老服务资源配置标准主要包括在准入制度上要公开、平等、规范，在资源配置依据上包括以需求为导向和以可及性为导向等。社区养老服务资源配置标准要素见表5-3。

表5-3 社区养老服务资源配置标准要素

项目	分类	要素描述
资源配置标准	准入制度	公开；平等；规范
	资源配置依据	按照人均用地不少于0.1平方米的标准，分区分级规划设置养老服务设施；每千名老年人拥有养老床位数达到30张；落实全民健身、健康中国等国家政策制度，提高各类活动中老年人的占比；老年志愿者数量达到老年人口的10%以上；成立老年协会的城镇社区达到95%以上；纳入社区管理服务的企业退休人员比例达到80%以上；凡老城区和已建成居住（小）区无养老服务设施或现有设施没有达到规划和建设指标要求的，要限期通过购置、置换、租赁等方式开辟养老服务设施；实施"四同步"项目；增加社区养老服务相关机构养老和护理床位；按照养老服务设施的服务半径和服务规模等，合理规划配置社区养老服务设施资源；制定社区养老服务设施专项规划

　　根据社区养老服务资源配置政策脉络和政策内容分析结果可知，在政策层面，社区养老服务资源优化配置的主要目标可以分为社区养老服务体系、资源配置主体（供给方）、养老服务需求方三个层面。

　　根据政策内容分析可以看出，社区养老服务资源优化配置的核心目标在于满足居民日益增长的多元化、复杂化、多样化、动态化养老服务需求；社区养老服务资源优化配置的重要目标之一在于构建高质量综合性社区养老服务体系，实现社区"15分钟养老服务生活圈、健康圈、医疗圈、休闲娱乐圈"建设等。优化配置养老服务资源，也需要实现资源配置主体，即政府、市场、社会、社区、家庭等多方主体的利益诉求，包括维护社会和谐稳定，促进国家综合竞争力提升，推动健康养老服务市场健康、科学、可持续发展，推动社会组织、家庭以及老年人利益诉求得到满足等（杨可获，2019）。据此，社区养老服务资源优化配置的政策目标如表5-4所示。

表5-4　社区养老服务资源优化配置政策目标清单

项目	分类	目标清单
政策目标	需求方	就近解决养老需求； 满足医、康、养、护、健、休闲、娱乐等一体化康养服务需求； 享受一站式便捷服务
	供给方	建设"老有所养、老有所医、老有所教、老有所学、老有所为、老有所乐"的社区养老服务体系； 支持建立以企业和机构为主体、社区为纽带，满足老年人各种服务需求的居家社区养老服务网络； 构建制度完善、组织健全、规模适度、运营良好、服务优良、监管到位、可持续发展的社会养老服务体系； 社区实现15分钟健身圈全覆盖； 以居家为基础、社区为依托、机构为补充，医养相结合的养老服务体系更加健全； 继续推进街道、社区"老年人生活圈"配套设施建设
	管理方	获取经济、社会和文化效益； 市场、产业、社会组织盈利、发展可持续； 社会和谐稳定，国家综合竞争力提升

第二节 社区养老服务资源优化配置要素确定

城市社区养老服务资源配置系统主要包括资源配置主体、资源配置客体、资源配置标准三个层面。城市社区养老服务资源配置主体按照社区养老服务资源配置目标和标准，对社区养老服务资源配置客体，即社区的人力、财力、物力资源开展配置。在进行城市社区养老服务资源优化配置理论模型构建之前，需要明确城市社区养老服务资源配置三大要素——主体、客体和标准的内涵和内容。

一 资源优化配置主体的确定

城市社区养老服务资源配置主体是指掌握社区养老服务资源、具备资源配置资质、有能力开展社区养老服务资源配置，并能从中获得一定经济、社会、文化效益等的组织、机构和个人。

根据城市社区养老服务资源相关政策内容，城市社区养老服务资源配置的主体包括政府、社会、市场、社区、家庭和个人等，只有由不同主体共同参与社区养老服务资源的配置，才能够达到社区养老服务资源的优化配置，提升社区养老服务的水平和能力。具体而言，各社区养老服务资源配置主体主要功能、职责如表5-5所示。

表5-5 城市社区养老服务资源优化配置主体

名称	分类	功能职责
政府	国家、省、市、区、街道等各级政府机关	出台政策，扶持引导社区养老服务资源优化配置；提供财政补助和专项经费支持社区养老服务资源配置；将养老机构提供的居家社区养老服务纳入补贴范围；为其他社区养老服务资源配置主体参与资源优化配置提供政策、资金、监督管理等支持
社会	养老机构；社会组织；红十字会等公益组织；学校	通过独资、合资、合作、联营、参股、PPP等多种形式，参与社区养老服务资源优化配置；支持其他主体优化配置社区养老服务资源；养老机构、社会组织、红十字会等可开展社区养老服务资源配置和服务提供；学校与城乡社区对口服务

续表

名称	分类	功能职责
市场	康养企业；家政企业；物业企业；商业保险；金融机构	市场推动培育社区养老服务企业和机构；保险资金发挥长期投资优势，以投资新建、参股、并购、租赁、托管等方式，兴办养老社区和养老服务机构；金融机构优化网点布局，提高金融服务的可得性
社区	社区邻里；社区党群服务中心；社康中心；社区社会组织	邻里相助和结对帮扶；社区党群服务中心和社会组织参与、支持、监督、管理养老服务资源配置、适老化改造
家庭	家庭及老年人家属	提供居家养老服务；支持家庭服务业；家属利用家庭资源在社区开展助老服务
个人	老年人	自立支援；积极参与社区养老服务资源优化配置和利用；享受社区养老服务资源带来的社会福利

根据对国家社区养老服务资源配置的政策脉络和主要内容的分析结果，本书认为社区养老服务资源优化配置的主体涵盖社区养老服务的供给方和保障方，具体而言，社区养老服务资源优化配置的主体主要包括国家、省、市、区、街道等各级政府机关；社区养老服务产业、行业、企业，营利性组织机构等；老年人所处家庭、家族的亲朋好友；老年人本身；等等。

二　资源优化配置客体的确定

社区养老服务资源配置客体具体指社区养老服务资源本身。按照当前社区养老服务资源配置相关政策内容以及社区养老服务体系发展实践，结合第一章有关社区养老服务资源的概念界定，本书认为城市社区养老服务资源优化配置客体主要包括人力资源、财力资源、物力资源、信息化资源等。不同资源来自不同社区养老服务资源优化配置主体，资源优化配置主体单独或协同开展资源优化配置活动。具体而言，不同城市社区养老服务资源优化配置客体包含不同的资源内容和资源形式（见表5-6）。

表5-6　城市社区养老服务资源优化配置客体

名称	内容和分类
人力资源	老年医学、管理学、护理学、营养学以及心理学等方面的专业人才；基层卫生技术人员；社区全科医生；社区护士队伍；志愿者队伍；老年人力资源；老年志愿服务活动；社工；学生
财力资源	财政资助；专项经费；社会资本；各类项目资助；民间资本；公益基金
物力资源	社区养老服务设施：日间照料中心、托老所、星光老年之家、互助式社区养老服务中心、综合示范性社区福利服务中心等。 社区医疗服务设施：医院、社区卫生服务机构、疗养院、门诊部、诊所、卫生所（室）等。 社区服务网点；信息服务、管理咨询、人才培训等社会中介机构；老龄工作机构；绿地、广场、社区公园、展览馆、博物馆及图书馆、文化馆、图书室、老年人运动健身场等文化娱乐场所。 无障碍设施：道路、建筑物、坡道、电梯等
信息化资源	一体化社区养老服务信息管理和服务平台； 线上线下一体化社区养老服务、产品； 多类型智慧健康养老产品和适老化产品

三　资源优化配置标准的确定

通过对社区养老服务资源配置相关文献分析、政策分析，本书发现城市社区养老服务资源配置标准可以从人口、政策制度、数理统计模型、资源辐射范围、养老服务需求五个方面确定（见表5-7）。

表5-7　城市社区养老服务资源配置标准对比分析

配置标准	内容	优势	劣势
人口	按照社区老年人口规模、密度、老龄化程度等，开展社区养老服务资源配置	结合人口的数量和发展趋势，优化配置当下和未来的社区养老服务资源。以人口为配置标准简单、易行，适合为政府、组织等资源配置主体相关决策提供参考借鉴	该配置标准只适合做社区养老服务资源的数量配置，无法精确考量资源配置的具体内容和时间范围
政策制度	按照政策制度要求，配置社区养老服务设施，确定设施所在地点；同时政策制度也明确了设施内部需配置的人力、物力、财力等资源的比例	政策制度确立的资源配置标准，往往更加贴合区域总体规划实际；因政府提供政策支持和鼓励，所以该养老服务资源配置标准落地实施率相对较高	从政府角度考虑资源优化配置的区域布局和资源配置模式，缺乏对老年人养老服务需求的考虑和重视；受政策强制性限制，未能完全考虑资源配置和人口、社会经济、文化等影响因素的相关性，缺乏总体需求预测，可能导致资源闲置

续表

配置标准	内容	优势	劣势
数理统计模型	按照数理统计模型开展社区养老服务资源配置，比如养老服务资源供需动态平衡模型、宏观经济学中的连续时间动态基本模型、离散时间动态基本模型、世代交叠模型、寿险需求模型、不确定生存期间的动态模型、最优退休时间决定模型等	数理统计模型可以精确测算和配置各类社区养老服务资源，为养老领域学术专家所推崇	数理统计模型对资源数据要求严格，对统计学、数学知识的要求较高，配置过程和结果相对理想化，在一定程度上缺乏可操作性，且相对复杂，普适性较低
资源辐射范围	按照社区养老服务资源的辐射领域、辐射范围开展社区养老服务资源配置，比如按照"十五分钟养老服务圈""十五分钟老年人生活圈"等理念展开社区养老设施资源配置等	该配置标准贴合城市规划，在一定程度上可以整合社区健康、养老、娱乐休闲、健身、教育等多类资源，具有一定的可操作性	该配置标准缺乏对社区老龄化程度、社区老年人口密度、社区老年人养老服务需求的考量和预测，因而容易造成养老服务资源配置之后的资源闲置和浪费
养老服务需求	按照社区养老服务需求配置社区养老服务资源	此配置标准符合"以人为本"理念，充分考虑了社区养老服务需求，具备坚实的群众基础	该配置标准需要开展社区老年人养老服务需求调查、分析，同时，需要结合当地实际和已有养老服务体系，配置养老服务设施内部养老服务内容。所以，该配置标准操作工作量相对较大，精细化程度要求高，相对耗时

如前所述，本研究对常见的社区养老服务资源配置标准进行了对比分析。不同资源配置标准各有利弊，因此，为更好地配置社区养老服务资源，可以同时或者先后利用两种或者两种以上的资源配置标准开展社区养老服务资源的优化配置决策，建立资源配置适配和决策模型。经过文献分析、系统比较、课题组头脑风暴，首先，本研究以人口作为城市社区养老服务资源优化配置的第一标准，以社区人口老龄化程度及老年人口密度、规模等变量配置社区养老服务物力资源，主要是指社区的养老服务设施资源（刘毓锦，2019）；其次，以养老服务需求调研分析结果为依据，在前期社区养老服务设施配置

完成后，根据社区老年人对社区养老服务的需求特征，确定各社区养老服务设施内部应该配置的养老服务人力资源、财力资源、信息化资源等（见表5-8）。

表5-8　城市社区养老服务资源优化配置标准

步骤	配置标准	配置内容
第一步	社区老年人口特征、政策制度	按照社区老年人口规模、密度及老龄化程度等，结合区域养老服务政策文件中设施建设要求开展社区养老服务设施资源配置
第二步	老年人社区养老服务需求	按照社区养老服务需求调查结果，分析老年人对社区养老服务需求的内容及特征； 根据老年人社区养老服务需求，结合区域社区养老服务设施建设标准体系，配置社区养老服务设施内人力、物力、财力、信息化等资源

第三节　社区养老服务资源优化配置理论模型构建

一　资源优化配置理论模型的初步构建

基于符号定向图（SDG）深层知识模型简介。SDG是一种网络图，该网络图包含节点与有向线段，有向线段代表参数之间的关系（吴重光等，2003）。SDG是表达不同变量的节点与变量间相互关系的一种网络图形。基于数学模型法、基于流程图法和基于经验知识法是利用SDG建设定性或定量模型的三种基本方法。本书主要借鉴SDG基于经验知识法的原理和操作过程。

基于经验知识法（高东等，2010）主要是在系统运行或者设计阶段，由专家学者依据以往工作经验，在多轮讨论和研讨后，绘制网络图的线路和节点。该方法包括以下几个阶段：一是根据专家学者或者实践者、政策制定者在某一领域的理论和实践工作经验，确定专家名单，由专家经过多轮讨论确定SDG网络图的主要线路和节点；二是结合已有研究内容和项目情况，确定SDG网络图中节点名称、内容以及各条线路及其分支线路之间的性质，确定节点与各条线路之间的关系；三是整合所有线路、节点以及其他相关要素、内容，建立初步的SDG网络模型图；四是再次通过专家论证和研讨，完成SDG网络模型图的构建。

丁建定（2019a）提出养老保障制度与养老服务体系的整合需要资源配置力、老年人生理状况决定的需求力、收入情况决定的承受力以及满足状况决定的获得力四力共同发挥作用，方能实现整合效益的最大化。基于此，养老保障体系的完善需精确了解老年人多层次多样化养老服务需求，通过多样化服务供给满足其需求力，在此基础上进一步保障老年人对养老服务的承受力，使其能够有能力获得其所需要的养老服务，在强化老年人养老服务需求力和承受力的同时加强养老服务资源优化配置，提高养老服务的配置力，进而增强老年人养老服务的获得力。本书认为，"四力协调"实质上也是在探索解决养老服务体系建设完善的问题，即在养老服务体系中，"需求力＋承受力"回答"养谁"的问题，"需求力＋承受力＋配置力"回答"谁养"的问题，"需求力＋承受力＋配置力＋获得力"回答"怎么养"的问题。

本书借鉴"四力协调"分析框架，将该框架融入城市社区养老服务资源优化配置理论模型构建整个过程，即在城市社区养老服务资源优化配置过程中，"需求力＋承受力＋获得力"回答"配置目标"的问题，"承受力＋配置力"回答"配置主体"和"配置保障"的问题，"需求力＋承受力＋配置力"回答"配置客体"的问题，"需求力＋承受力＋配置力＋获得力"回答"配置标准"的问题。依照此思考逻辑，本书将充分考虑"四力"在每个配置要素以及配置相关维度具体内容中发挥的作用。

本书在"四力协调"理论框架下，基于SDG经验知识法探索构建城市社区养老服务资源优化配置模型框架，配置要素包括资源配置主体、资源配置客体、资源配置标准，结合城市社区养老服务资源配置目标、资源配置内容、资源配置保障，按照SDG理念流程搭建城市社区养老服务资源优化配置理论模型（见图5-1）。

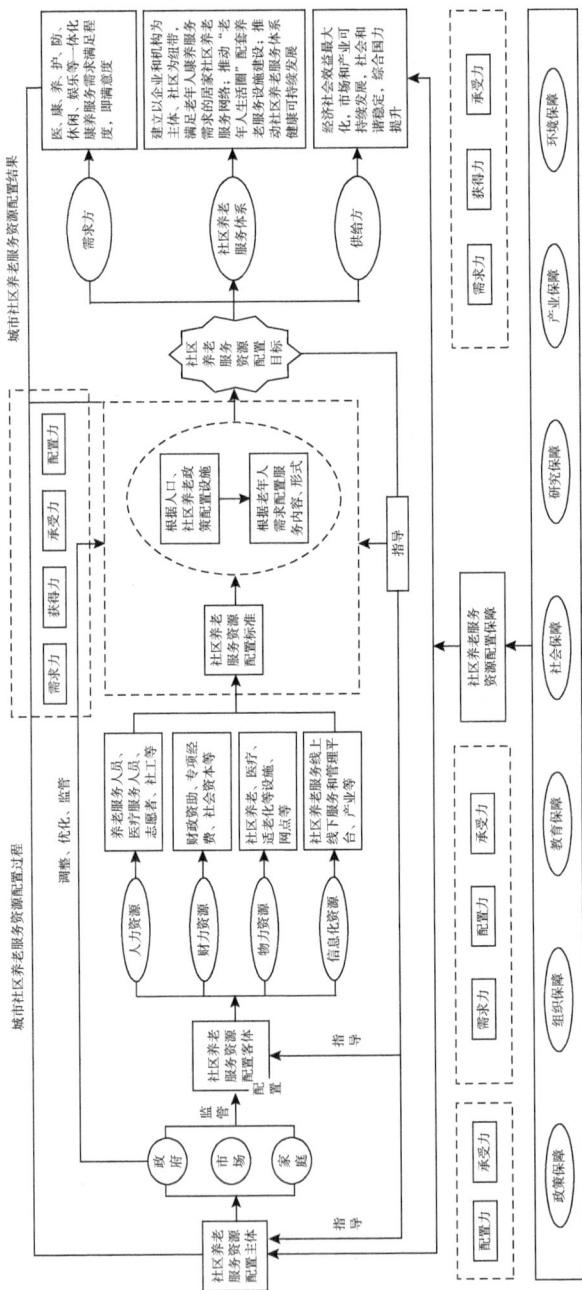

图 5-1 城市社区养老服务资源优化配置理论模型（1）

二　资源优化配置理论模型完善

本书采用专家评分的方式对模型各个主要维度和子维度的科学性、重要性、可操作性进行了评价。专家选择的标准主要有三点：第一，权威性，拥有与城市社区养老服务资源配置相关的丰富的学术研究经历或工作经历；第二，代表性，与城市社区养老服务资源配置研究主题密切相关，且专家相对熟悉该研究主题的背景；第三，广泛性，专家不是来自单一领域，而是来自社区养老服务资源配置相关的各个领域和部门。本研究选取社区养老服务研究、管理和实践专家学者共15人参与模型评分论证。论证专家评分表的回收率为100%，表明专家的应答率很高，具有较高的积极性，能够高效地完成模型评分和论证。表5-9从性别、年龄、学历、专业、本岗位工作年限等多个方面阐述了专家组成员的背景信息。在评分专家中，学历分布、专业分布相对均衡，学历均为硕士研究生及以上，专业涉及经济学、社会学、管理学三个领域，与社区养老服务的研究范畴重合。几乎所有专家的职称为中级及以上，且80%专家本岗位工作年限为10年及以上。

表5-9　专家背景信息

单位：人，%

项目	分类	频数	占比
性别	男	5	33.3
	女	10	66.7
年龄	20～30岁	4	14.8
	30～40岁	10	66.7
	≥40岁	1	6.7
学历	博士研究生	8	53.3
	硕士研究生	7	46.7
专业	经济学	3	20.0
	社会学	5	33.3
	管理学	7	46.7

项目	分类	频数	占比
工作类别	社区养老服务资源配置专家/学者	6	40.0
	社区养老政府官员代表	5	33.3
	社区养老服务机构管理者/实践者	4	26.7
职称	高级	8	53.3
	中级	6	40.0
	初级	1	6.7
本岗位工作年限	<10年	3	20.0
	10～20年	8	53.3
	≥20年	4	26.7

专家评分质量衡量的一个方面是专家的权威程度C_r，由专家的判断依据（C_a）和熟悉程度（C_s）两个因素共同决定，计算公式为：

$$C_r = \frac{C_s + C_a}{2} \tag{5-1}$$

本研究将判断依据C_a的等级分为：理论分析（0.6分）、实践经验（0.8分）、通过国内外同行的了解（0.4分）、直觉（0.2分）。熟悉程度C_s的量化分级为：很熟悉（1.00分）、比较熟悉（0.75分）、一般（0.50分）、不熟悉（0.25分）、很不熟悉（0分）。

本研究专家的权威程度均为0.73。一般认为专家权威程度在0.70以上便可以接受，因此本研究的专家权威程度相对可以接受。

专家评分质量衡量的另一个方面是各个专家的意见协调程度，即专家之间的意见是否具有较大的差异性。通常情况下，专家的意见协调程度用变异系数（V_i）来衡量。变异系数V_i表示第n个专家对i维度的协调程度，即i维度的相对重要性的波动程度。V_i越小，表明波动幅度越小，协调程度越高，专家之间的评分差异越小。变异系数V_i的计算公式为：

$$V_i = \frac{\sigma_i}{M_i} \tag{5-2}$$

在式5-2中，V_i表示i维度的变异系数，σ_i表示i维度的标准差，M_i表示i

维度的均数。

$$\sigma_i = \sqrt{\frac{1}{m_i - 1} \sum_{j=1}^{n} (C_{ji} - M_i)^2} \qquad (5-3)$$

在式5-3中，m_i表示参加i维度评价的专家数，C_{ji}表示第j个专家对i维度的评分值。

本研究中专家对各个主维度、子维度的科学性、重要性、可操作性以及支持度的评分的变异系数值在0.01~0.30，表明专家之间的变异系数较小，意见相对集中（见表5-10、表5-11）。

本研究邀请专家匿名对"城市社区养老服务资源优化配置理论模型"的三大要素及配置目标和配置保障的科学性、重要性、可操作性以及对维度的支持度进行评分。专家对模型五大维度各个属性的评分均在4分以上，支持度评分均在90分以上。评分结果表明专家对模型三大要素、配置目标、配置保障的认可度和支持度较高。从专家评分结果中可以得出，本研究所构建的城市社区养老服务资源优化配置理论模型的整体架构得到专家的普遍认可，存在较强的合理性，该模型能够为城市社区养老服务资源配置的研究提供一定的理论框架。

表5-10　专家对社区养老服务资源配置主要维度的评分

维度	科学性		重要性		可操作性		支持度	
	均值	变异系数	均值	变异系数	均值	变异系数	均值	变异系数
资源配置主体	4.78	0.02	4.70	0.04	4.40	0.12	93.50	0.08
资源配置客体	4.50	0.01	4.20	0.04	4.30	0.15	91.60	0.07
资源配置标准	4.50	0.05	4.60	0.15	4.50	0.04	91.40	0.14
资源配置目标	4.40	0.04	4.70	0.20	4.90	0.06	92.20	0.20
资源配置保障	4.40	0.01	4.60	0.10	4.30	0.01	92.10	0.13

专家在对"城市社区养老服务资源优化配置理论模型"的主体、客体、标准、目标和保障评分之后，对各个主要评分维度下属的子维度进一步评分。

从专家的评分结果中可以看出，除"研究保障"子维度之外（3.90分），专家对各个子维度的科学性评分均在4.00分及以上；专家对各个子维度的重要性评分均在4.00分及以上。从专家对各个子维度的评分情况可以得出，本研究所设计的各个子维度存在一定的合理性。

但是，在各个子维度可操作性评分中，专家对"信息化资源""教育保障""社会保障""研究保障"的评分均低于4.00分，说明专家对此四个子维度的认可度相对偏低；在对各个子维度的支持度评分中，除了对"信息化资源""教育保障""社会保障""研究保障"的支持度低于90分，专家对其他子维度的支持度均在90分及以上。专家对子维度的评分结果如表5-11所示。

表5-11　专家对社区养老服务资源配置子维度的评分

维度	子维度	科学性		重要性		可操作性		支持度	
		均值	变异系数	均值	变异系数	均值	变异系数	均值	变异系数
资源配置主体	政府	4.50	0.13	4.80	0.02	4.40	0.21	92.56	0.03
	市场	4.10	0.20	4.40	0.11	4.00	0.02	92.70	0.15
	家庭	4.50	0.01	4.50	0.26	4.20	0.13	95.20	0.06
资源配置客体	人力资源	4.30	0.07	4.60	0.14	4.40	0.04	91.10	0.11
	财力资源	4.70	0.03	4.80	0.07	4.60	0.17	91.70	0.21
	物力资源	4.40	0.12	4.80	0.05	4.20	0.14	91.50	0.16
	信息化资源	4.60	0.16	4.60	0.16	3.80	0.30	85.00	0.30
资源配置标准	根据人口、社区养老政策配置设施	4.75	0.18	4.80	0.10	4.35	0.21	92.70	0.21
	根据老年人需求配置服务内容、形式	4.50	0.13	4.50	0.26	4.20	0.29	91.90	0.24
资源配置目标	需求方	4.60	0.20	4.80	0.21	4.70	0.24	95.80	0.27
	社区养老服务体系	4.20	0.14	4.50	0.19	4.20	0.01	92.80	0.29
	供给方	4.50	0.02	4.90	0.08	4.50	0.02	93.90	0.13

续表

维度	子维度	科学性		重要性		可操作性		支持度	
		均值	变异系数	均值	变异系数	均值	变异系数	均值	变异系数
资源配置保障	政策保障	4.30	0.01	4.80	0.24	4.30	0.22	92.40	0.14
	教育保障	4.20	0.05	4.30	0.03	3.90	0.28	88.70	0.15
	组织保障	4.60	0.14	4.40	0.23	4.10	0.14	92.20	0.01
	社会保障	4.00	0.22	4.70	0.27	3.90	0.26	88.60	0.28
	研究保障	3.90	0.02	4.10	0.20	3.80	0.27	84.60	0.27
	产业保障	4.10	0.14	4.00	0.01	4.10	0.21	90.70	0.23
	环境保障	4.00	0.08	4.20	0.24	4.00	0.04	90.00	0.21

依据专家对各个子维度的评分结果，结合文献分析以及调研访谈结果，本研究认为对于专家评分低于4分或支持度低于90分的主维度或子维度应进行删除。因此，在"城市社区养老服务资源优化配置理论模型"中，按照评分结果，应删除"信息化资源""教育保障""社会保障""研究保障"四个子维度。

另外，在专家评分的同时，有部分专家提出主维度和子维度的具体内容需要进行修改和优化。一是"资源配置目标"维度中，子维度"社区养老服务体系"涵盖子维度"供给方"，因此专家认为应把子维度"社区养老服务体系"更改为"管理方"，以便与子维度"需求方""供给方"相互补充，共同构成"社区养老服务体系"三大利益主体，符合利益相关者理论分析原则（Suen，2020）。二是有专家认为"资源配置客体"除了包括"人力资源""财力资源""物力资源"，还应包括"文化资源"。社区养老文化是社区养老服务体系建设完善以及保持稳定的精神根基，在社区养老服务资源配置及社区养老服务供给方面发挥着重要的作用和功能，因此应该被纳入社区养老服务资源配置的范围中，作为社区养老服务资源的主要构成部分。三是部分专家认为主维度"资源配置保障"下属"环境保障"范围过大，无法对其进行准确的衡量，应该将这一子维度删除。在城市社区养老服务资源优化配置理论模型的构建中，项目团队成员经过头脑风暴，在参考借鉴城市社区养老服务资源优化配置相关文献和相关政策文件的基础上，初步构建了理论模型，在此基础上根据专家评分结果及专家对模型提出的意见建议，对所构建的城市社区养老服务资源优化配置理论模型进行修订、优化和完善。

综合专家对模型各维度评分结果和修改建议，本研究对上文构建的"城市社区养老服务资源优化配置理论模型"进行了调整优化，建立了最终的理论模型。对"资源配置目标"进行了整理重构。具体来讲，对"管理方"子维度的目标内容进行了重新界定，即在城市社区养老服务资源优化配置过程中，管理方包括社区养老服务资源配置所涉及的政府部门，主要的配置目标是"政府管理效能最大化，政府信誉和形象优良，社会和谐，区域综合实力提升"。同时，将"资源配置目标"维度下属"供给方"子维度的目标内容进行了重新界定，即在城市社区养老服务资源优化配置过程中，供给方包括社区各级养老服务设施，主要的配置目标是"建立以企业和机构为主体、社区为纽带，满足老年人康养服务需求的居家社区养老服务网络；推动'老年人生活圈'配套养老服务设施建设；推动社区养老服务供给多元化、精细化；推动社区养老服务体系健康可持续发展"。本书最终构建的"城市社区养老服务资源优化配置理论模型"如图5-2所示。

三　资源优化配置理论模型内涵

从本书构建的"城市社区养老服务资源优化配置理论模型"可以看出，城市社区养老服务资源优化配置是一个系统化的过程（Stine-Morrow and Miller，2002），它是在城市社区养老服务资源配置目标的引导下，为了满足老年人及其家庭等需求方的健康养老需求、社区养老服务体系建设多元供给模式下的"老年人生活圈"（Beth et al.，2020）需要以及政府和市场社会经济发展诉求，参照社区老年人口分布和养老服务政策目标配置社区养老服务设施，按照社区老年人及其家庭养老服务需求配置养老服务供给内容，政府和市场两个社区养

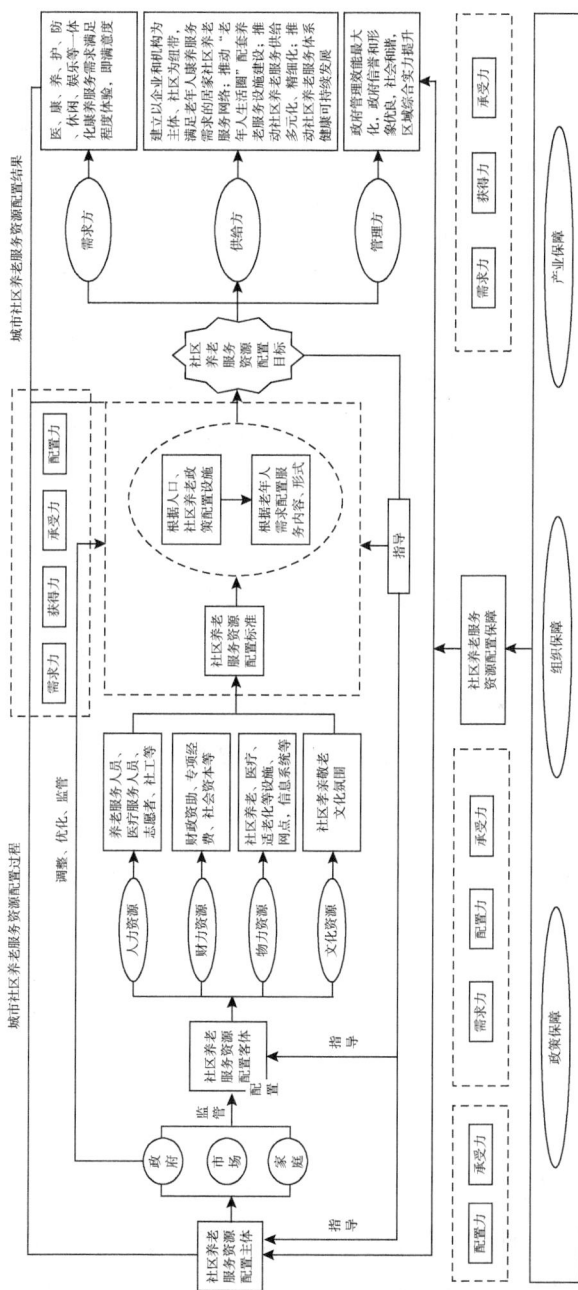

图5-2　城市社区养老服务资源优化配置理论模型（2）

老服务资源配置主体通过调整、增设、拆建等多种方式优化调配社区养老服务的设施设备资源、养老服务管理和服务人员，筹集和投放社区养老服务资金，利用信息化和人工智能等智慧技术和产品，推进社区健康养老产业发展，同时不断强化营造社区孝亲敬老、互助扶持的优良社会氛围，最终建立城市社区养老服务体系的一个完整的资源调配过程。

政府、市场、家庭是社区养老服务资源优化配置的主体（Onaging，1982）。政府通过制定和发布社区养老服务相关政策、法规、法律，为社区养老服务资源优化配置提供政策指引、目标导向。同时，政府还肩负着监督管理社区养老服务资源优化配置的整个实施和落地过程，为资源优化配置目标实现和居民社区养老服务需求满足提供管理及强有力的监督保障的责任（Caldock，2010）。再者，政府还是社区养老服务财力资源的重要筹集者和物力资源的提供者，政府通过财政预算、公益基金筹集、建立完善社会保险制度等方式保障社区养老服务资源配置的可持续发展，通过为社区养老服务供给主体提供场地场所、设施设备、信息化系统等软硬件资源，为社区养老服务供给体系的建设提供可靠支持。在政府主导下，市场积极投入社区养老服务资源优化配置过程中，社会参与社区养老服务人力、财力、物力资源优化配置各个过程，一方面优化了社区养老服务供给体系，另一方面也为家庭积极参与社区养老服务体系建设提供了支撑。

社区养老服务资源优化配置客体主要包括人力资源、财力资源、物力资源、文化资源等。其中，物力资源主要指社区养老服务设施，涵盖社区层面建设的养老机构、街道长者服务中心、社区长者服务站、小区长者服务点以及社区养老相关的休闲、娱乐、健康、预防、适老化设施设备等。社区养老服务设施是城市社区养老服务资源优化配置的主要客体。优化配置社区养老服务设施，需要根据不同的社区养老服务资源优化配置标准，对社区养老服务设施的地理位置、性质和运营形式等开展研究设计，这与老年人及其家庭能够充分获得社区养老服务关系密切。在社区养老服务设施的地理位置、性质、服务对象、辐射范围等内容明确之后，根据设施规模配置养老工作人员，是社区养老服务设施内部资源配置的关键一步。社区养老服务人力资源的配置，不仅要考虑单个社区养老服务设施的工作人员配置数量，还要考虑社区整体的养老服务相关人员数量，同时重点考虑人力资源的种类、综合素质等。协调社区养老服务设施内部人力资源和财力资源，保障设施正常持续经营。另外，在社区养老服务设施配置之外，还需要配置链接设施与设施、设施与政府和市场的信息化智慧网络平台，同时促进人力、财力、物力资源有序发挥作用，营造各尽其职的孝亲敬老社会氛围与和谐互助的文化环境。

社区养老服务资源优化配置标准，即资源调配的重要依据和参照指引，是社区养老服务资源优化配置以及养老服务体系构建的核心内容。国内外在城市社区养老服务资源优化配置过程中，探索了各式各样的社区养老服务资源优化配置的标准依据，但科学普适、方便操作以及能够满足老年人养老服务需求的社区养老服务资源优化配置标准尚未正式建立。各地区均在不断摸索高效优质的社区养老服务资源优化配置标准，探索资源优化配置更科学、可操作的参考依据，这为本书提出的城市社区养老服务资源优化配置标准提供了借鉴。本书综合参考了已有文献中的社区养老服务资源优化配置标准和配置模式，结合社区养老服务相关政策内容，认为在城市社区养老服务资源优化配置过程中，首先应该按照城市内部各个社区老年人口的分布，即各个社区人口老龄化程度配置社区养老服务设施，然后依据国家、省、市资源配置相关政策要求，进一步调整完善社区养老服务设施的面积、人力、床位配置等。在此基础上，调查了解社区老年人对社区养老服务的多样化需求，根据需求特征和需求内容，在配置政策规定的必须配备的社区养老服务设施供给服务和产品之后，配置社区养老服务设施内部的服务项目，包括基本养老服务项目、特色养老服务项目，推进社区养老服务设施内部社区养老服务数量和质量的扩容。

社区养老服务资源优化配置目标，是资源优化配置的方向和最终目的。城市社区养老服务资源优化配置的目标可以从三个方面进行阐述，一是满足社区居民多元化、多层次养老服务需求，为社区居民提供涵盖养老、康复、健康、休闲、教育、护理等服务在内的一站式、综合性康养服务。二是社区养老服务资源优化配置的主体——政府和市场，社区养老服务资源提供的主体——"街道、社区、小区、家庭"四级社区养老服务网络设施，均能够实现其利益诉求。三是通过城市社区养老服务资源的优化配置，在建立健全城市社区养老服务体系的基础上，助推社区所在街道、区、城市、省份的社会经济发展，促进区域市场力量的发挥和健康养老产业的可持续发展，最终为区域社会和谐稳定、综合实力提升提供强有力的社会保障。

社区养老服务资源优化配置的主体、客体、标准、目标均不是独立的存在，资源优化配置的相关者之间相互作用、协同共治，方能实现资源优化配置的最终目标，方能保障社区居民尤其是老年人的合法权益，为社会的长治久安、社会经济的科学可持续发展提供动力（Boll et al.，2021）。因此，从"城市社区养老服务资源优化配置模型"各个组成部分及其之间的相互关系可以看出，该模型具有系统性、交互性（Askens et al.，2021）。另外，模型的主要维度及其下属内容，可以通过定性或定量的指标来进行表达，这又表明模型具备可量化性、可操作性特征。最后，模型的构建过程参考了SDG的原理，同时又通过专家评分得以完善，据此，模型又具有科学性。

第六章
城市社区养老服务资源优化配置的路径

本书在对深圳城市社区养老服务资源配置现状、问题及影响因素分析的基础上，借鉴福利多元主义理论、新公共管理理论、匹配理论的思想，构建了以满足需求力为方向、以增强承受力为手段、以强化配置力为关键、以提升获得力为目标的城市养老服务资源优化配置模型。该模型涵盖城市社区养老服务资源配置主体、资源配置客体、资源配置标准三个要素，为我国城市社区养老服务资源优化配置目标的实现提供了"主体—客体—标准"三要素的理论框架。当前，我国仍处于社会主义初级阶段，相对于世界上规模最庞大的老年群体，我国的养老服务资源整体上十分有限，既要回应民众对高品质生活的期待，又要确保经济社会可持续发展，避免陷入"福利陷阱"，亟须走出一条低成本、高效率地应对人口老龄化的道路。基于本书构建的模型，我国城市社区养老服务资源优化配置应当从以下方面着手。

第一节　以满足需求力为方向重构社区
养老服务资源配置内容

以满足需求力为方向，推动社区养老服务资源配置从"以服务为中心"转向"以需求为中心"，细分老年人群，从全生命周期的角度重构资源配置内容，统筹协调居家社区养老服务供给，统筹协调物质满足和精神丰盈，统筹协调经济救助和服务供给，统筹协调长期照护和预防老化服务，积极回应老年人"在地养老"的需要（Weel，2000；Stuart and Weinrich，2001）。

一 统筹协调居家社区养老服务供给

推动老年人群细分和服务分类。截至目前，我国仍普遍采用联合国1956年确定的老年人界定标准，将年满60周岁作为界定老年人的标准。时至今日，人均预期寿命及经济社会条件相较于1956年已经发生了巨大变化，入住养老机构的老年人平均年龄在80岁以上，对老年人的年龄界定标准也应当与时俱进，摒弃将"老年人"简单等同于"失能老年人"的认知偏差。应当借鉴老龄化先行国家和地区经验（Lee，2005），推动按年龄层次和自理程度精细分类（按照"9073"养老服务格局，社会人占90%、家庭人占7%和床上人占3%）和精准服务老年人群，构建覆盖健康老人、活力老人、慢性病老人和失能老人的全生命周期社区养老服务体系。（1）面向健康老人和活力老人（社会人），引导其做好老年期生涯规划，鼓励其通过灵活就业、参与社区治理、志愿服务和家务活动等继续实现自我价值；（2）面向慢性病老人（社会人），积极提供慢性病管理服务，开展失能失智预防服务，扩大老年教育服务供给，引导慢性病老人拥抱丰富多彩的老年生活；（3）面向体弱老人和部分失能老人（家庭人），依托社区养老服务站点提供送餐、助餐、助洁、助浴等日间照料和居家支持服务，让老年人尽可能在子女的陪伴下过有尊严的自立生活；（4）面向失能卧床老人（床上人），建立家庭养老床位，通过24小时呼援服务和专门上门服务，实现"原居安老"，或者就近入住街道综合养老服务中心、"嵌入式"社区养老服务设施，实现"在地养老"。

强化社区枢纽和支撑作用。社区是社会治理的基本单元和养老服务体系的重要依托。党的十八届五中全会提出，建设以居家为基础、社区为依托、机构为补充的多层次养老服务体系，再次确认了社区在养老服务体系中的"依托"作用，同时也对"十二五"期间各地在养老服务体系建设中重机构建设轻社区养老、居家养老服务的倾向进行了调整。党的十九届四中全会提出构建"居家社区机构相协调、医养康养相结合"的养老服务体系，推动居家、社区、机构"三位一体"融合发展。在"三位一体"养老服务体系中，应当强化社区养老的枢纽和支撑作用：（1）引导机构养老服务嵌入社区，借鉴西方发达国家"去机构化"和"在地养老"理念，鼓励养老服务机构嵌入社区，大力发展"嵌入式"社区养老服务设施，让有机构照护需求的老年人留在熟悉的社区中养老；（2）发挥社区养老对居家养老的专业支撑作用，鼓励社区发展长者助餐配餐服务、社区长者助浴服务、社区老年文娱活动中心、社区老年人日间照料中心、社区"虚拟养老院"等居家养老社区辅助服务；（3）构建居家—社区—机构相衔接的照护服务体系，根据老年人自理能力持续退化的情况，为老年人提供从居家到社区、从社区到机构的一条龙服务；（4）以社区为平台整合各方资源，发挥资源枢纽作用，整合社区内外的正式照护资源和非正式照护资源（Seah and Wang，2021），为老年人提供针对性服务。

二　统筹协调物质满足和精神丰盈

加强精神关爱服务供给。经过改革开放40年的快速发展，我国在2020年全面实现小康社会建设的目标。在这一背景下，对美好生活的向往成为人民的核心诉求，尤其是随着60后"新生代老年人"陆续步入老年行列，其对高品质的物质生活、高品位的精神生活和深层次参与的社会生活表现出了强烈的需求，新时代老年群体对养老服务的诉求表现出了多层次、多元化和个性化的特征，需求结构从生存型向发展型转变，对新阶段养老服务的供给提出了更高要求。因此，社区养老服务资源配置应当以保障基本生存权和发展权为目标，既要满足社区老年人的物质需要，也要兼顾精神需求，增加在老年教育、娱乐休闲、心理关爱等方面的服务供给，强化家庭支持，搭建社会支持网络（Olive and Stevenson，2016），提升老年人生命和生活质量（Luggen and Rini，1995；Gomes et al.，2020）。

扩大老年人社会参与。俗话说，家有一老，如有一宝。老年人都为国家建设做出过贡献，虽然进入老年期，身体机能有所退化，但老年人在经验、技能、管理方面的比较优势，使得他们依然可以是经济社会发展的重要参与者。现实生活中，很多老年人"老而不退""退而不休"，做一些力所能及的事情，即使回到家庭，在家负责照看儿孙，同样在为家庭和社会做贡献。这也说明，老年期仍然是可以有作为、有进步、有快乐的重要人生阶段，因此，需要重新认识老年人的价值（Jacob et al., 2020）。（1）引导老年人利用自身优势，积极发挥主体能动作用，参与经济社会建设，为社区治理、社会发展建言献策。（2）出台促进老年人就业的政策，鼓励健康及有继续就业意愿的老年人重投就业市场，研究将部分岗位年龄上限放宽到65岁，鼓励企事业单位聘用达到退休年龄的人员，政府为企业提供短期补贴或给予税费优惠。（3）开展老年人就业培训，通过购买服务等方式，委托培训机构为有再就业意愿的老年人提供就业辅导和职位推介服务。充分发挥人才市场的优势，实现老年人才就业供给与需求之间的高度衔接。（4）开发适合老年人的就业岗位，通过专项活动聘请、项目聘请、短期聘请等多种方式，聘请离休退休专业技术人员担任工作顾问，或继续承担业务工作，满足老年人的就业需求（Stancliffe et al., 2019）。鼓励技能型、知识型、创新型的老年人自主就业创业。

协调经济保障和服务供给。我国传统的养老保障主要包括基本养老保险和面向贫困老年人的各种经济补贴，是一种经济救助型社会保障。在老龄化持续加剧背景下，近年来，我国养老服务供需结构性矛盾突出，机构养老床位大量闲置，社区养老服务发展严重滞后，仅靠现金资助老年人导致老年人难以得到有效的照料服务。现实中，高龄津贴等大量现金补贴并未有效转化成养老服务市场购买力，影响了养老服务市场的发展。因此，我国应该改革过去经济救助型的养老保障制度，逐步构建以服务供给为主的养老服务政策体系，发挥财政资金的撬动作用，积极培育市场供给主体和服务队伍。

三　统筹协调长期照护和预防老化服务

随着老龄化对经济社会影响程度的持续加深，老龄化先发国家和地区逐步认识到，仅仅关注老年照护问题是一种被动、消极的应对方式。各国的老龄化战略都把预防老化作为重要内容，如日本于2006年修改《介护保险法》，新增"介护预防"服务，为接受老化预防和老年康复服务的高龄者支付保险费。英国在《共同创造照护服务的美好未来》白皮书中，将"关注预防"作为第一条原则。借鉴老龄化先发国家和地区的经验，我国应当统筹实施"健康中国"和"积极应对人口老龄化"两大战略，坚持预防和照护服务并重，积极构建以失能老人为保障重点的长期照护服务体系，满足失能老人的康复护理、疾病诊治的需求（Takahashi and Tsukishima，2021），同时，也要将预防老化作为重要政策目标，兼顾活力老人、慢性病老人的健康教育、慢性病管理和失能预防服务，阻止失能人群的过快增长，实现长期照护保障制度的可持续发展（Shelton et al.，2012）。

第二节　以增强承受力为基础确立社区养老服务资源配置标准

在配置社区养老服务资源时，应充分考量老年人收入状况、财政的承受能力以及社会可调动的资源状况。我国要通过大力发展第三方养老保险、建立长期护理保险制度等多种举措，提升个体养老的支付能力、家庭养老的照护能力、互助养老的社会资本。政府从顶层设计的角度出发，结合社区养老服务资源配置的需求，对社区养老服务资源配置用地进行合理规划，强化社区养老从业人员队伍建设，科学设定国家养老基本公共服务项目及其标准，各地在国家标准基础上，应结合地方经济社会发展水平完善地方基本养老服务项目及其标准，提高社区养老服务的普惠就近水平。

一　提升个体养老支付能力

健全"三支柱"养老保险体系。以城镇职工基本养老保险和城乡居民基本养老保险制度为基础，基本实现老年人口全覆盖，提供基本的老年生活保障；发展企业年金和职业年金，进一步扩大覆盖面和促进投资运营，使其在多层次养老保障中发挥更强的补充保障作用；加快推动个税递延型商业养老保险试点工作和扩大覆盖面，增加个人和家庭养老财富储备。

加快构建长期护理保险制度。推进长期护理保险制度建设，完善保障范围、参保缴费、需求认定、等级评定、待遇支付、基金管理等标准体系和政策制度，形成稳定可持续的互助共济、责任共担的多渠道筹资机制。重点解决重度失能老年群体基本护理的需求，为实现基金的可持续运营，将基金的支付水平控制在70%以内。[①]满足参保人的个性化长期照护服务需求，丰富健康保险产品供给，鼓励商业保险机构开发多样化的长期照护商业保险产品。

积极发展养老普惠金融服务。引导商业保险企业结合实际开展商业养老保险业务，探索住房反向抵押等"以房养老"试点，提高老年人及其家庭的养老服务支付能力，在房地产登记、公证等环节为老年人设立绿色通道，简化办事流程。鼓励保险企业开发补充意外伤害保险，通过政府引导、个人承担等方式促使老年人投保。引导银行等金融机构开发养老保障业务、养老型理财产品及各类养老金融产品，提升老年金融服务的获得性和满意度。积极推进扩大养老目标基金规模，引导社会资本长期持有养老目标基金，通过稳健的金融政策和资产配置，实现养老目标基金长期稳健增值。

二 提升家庭养老照护能力

建立子女带薪护理假制度。在家庭中养老仍然是当前我国最主要的养老选择，家庭成员在养老服务中发挥着重要的照护供给作用，但是，随着计划生育政策和劳动市场的变化，家庭中的子女在激烈的社会竞争中难以抽身照顾年迈的父母已经成为一个重要的社会现实。同时受到支付能力不足、传统观念等方面的影响，大量的老年人对陌生人上门提供护理等养老服务存在一定的抗拒心理。对于老年人来讲，还需要居家照顾为其提供一定的精神支持，

---

① 国家医保局、财政部：《关于扩大长期护理保险制度试点的指导意见》（医保发〔2020〕37号）。

因此得到家人的照顾是大部分老年人的心愿。但是在我国市场经济不断发展的背景下，老年人子女在激烈的职场竞争中缺乏精力为老年人提供居家照顾。国内已有多个省份出台（独生）子女护理假政策，对患病住院的老年人，规定用人单位应给予其（独生）子女相应天数的护理假。建议在总结地方经验的基础上，国家层面将子女护理假纳入立法规划，研究制定全国统一的子女护理假制度，增强子女护理假的法律约束力和普遍适用性。同时，对休假时长、（独生）子女身份确认、父母年龄要求和住院情况等具体操作问题做出统一规定，研究对企业给予一定的税收补助和奖励。

完善家庭照护者培训服务。为家庭照护者提供专业护理知识方面的培训和心理支持。老年照料劳动强度大，同时在这一过程中可能会出现各种类型的矛盾。调查发现，大部分的家庭照护者认为不仅仅需要付出较大强度体力劳动，而且在心理层面也面临较大的压力。对于需要长期照顾的卧床老人，可通过提供临时性替代照护服务（喘息服务）来缓解家庭照护者的压力。通过政府购买服务、互助服务及志愿服务等方式，为老年人提供临时性的照护服务，为家庭照护者提供短期的休整机会，缓解其压力。老年人对高品质养老服务需求的不断增长，对老年照护的专业性提出了更高的要求。失能往往会伴随一系列的慢性疾病，从当前的实际来看，大部分的家庭照护者缺乏疾病预防及疾病康复的知识，这进一步加剧了老人失能状态的恶化。基于此，考虑为老年人照护者提供专业化的培训，提高家庭照护者的照护能力和专业水平。同时采取信息化技术，通过提供远程服务减轻家庭照护者的压力（Takashi and Megumi，2021）。

增加社区养老社会资本。借鉴南京养老志愿时间银行、上海睦邻点建设经验，以社区为单位，探索建立时间银行、爱心积分、志愿服务综合保险等激励机制，依托专业为老服务组织和社会工作者，通过邻里互助、亲友相助、志愿服务等方式，建立健全为老志愿服务项目库，丰富社区志愿为老服务内容。将老有所为与老有所养结合起来，引导"年轻"老年人服务高龄老年人，搭建老有所为平台，探索社区互助养老服务（Cohen，2019）。发展在校生志愿服务和暑期实践、相关专业学生社会实习、社会爱心人士志愿服务等（Hu et al.，2020）。

三 提升普惠就近服务水平

建立基本养老服务清单制度。"地方化"是当代西方国家老年照护服务的重要趋势之一（Hwang，2020；Neumann，2017），地方化较之中央化能够因地制宜地满足老年人多样化、个性化照护需求，较好地提升老年照护资源配置和老年照护服务效果。国家应制定基本养老服务清单，界定养老基本公共服务对象的范围，细化公共服务清单项目和保障标准，完善设施建设、功能布局、人员配备、服务流程、管理规范等标准和质量要求（Nystrom and Jones，2003）。同时，在此基础上，鼓励地方政府结合经济社会发展水平，补充地方养老基本公共服务清单项目，使"国家目录"和"地方补充"有机结合，更好地为健康、失能、经济困难等不同老年群体分类分层提供服务。同时，地方政府应当根据经济社会发展水平和科技进步情况动态调整清单内容。通过政府购买服务、个人和财政补贴按比例分担等方式，按照国家标准统一开展老年人能力综合评估，推动评估结果在医保、民政、卫健等部门间互认，以减少不必要的重复评估和节约公共评估资源。推动建设一批综合评估机构和评估队伍，加强评估机构能力建设和规范管理。

加强社区养老服务设施空间保障。编制地方养老设施布局专项规划，严格落实人均用地不低于0.1平方米的国家标准[①]要求，分区、分级、分类明确养老服务设施规划标准，全面推进"市—区—街—社"四级服务设施建设。在此基础上，步入中度老龄化社会甚至深度老龄化社会的城市，参照北京、上海等地经验，建议按照不少于人均0.25平方米的标准规划养老服务用地，或者新建居住区以每百户不低于20平方米的标准配建社区养老服务设施，已建成住宅区的按照不低于15平方米的标准补足。将社区养老服务设施配建达

---

① 《国务院关于印发"十四五"国家老龄事业发展和养老服务体系规划的通知》（国发〔2021〕35号）。

标纳入各级政府绩效考核。将社区配建养老服务设施"四同步"要求纳入各级政府年度绩效考核范围，加强常态化督查。开展城市社区配套养老服务设施督查整改活动，全面清查2014年以来新建城区、新建居住区配套情况，督促落实整改工作。[①]

加强养老服务从业队伍建设。结合社区老年人口的规模和实际需求，多措并举壮大社区养老服务人员队伍。激励和引导社会工作者、志愿者及其他群体为老年人提供养老服务，不断增加社区养老服务志愿者的类型及数量。定期组织开展专业化培训，为不同类型志愿者及照护者提供专业化的培训，提升不同照护主体的照护能力和专业水平。建立健全社区养老服务人员薪酬指导体系，提高社区养老服务人员薪酬待遇水平，完善养老护理员和专业技能人才激励政策，落实入职补贴、培训补贴、定向培养、工龄补贴、子女就学、住房保障等方面的待遇，打通职业或职级晋升通道，建立养老护理队伍褒扬制度，宣传养老服务典型事迹，营造养老服务人才从业、成长、成才的良好社会氛围，不断提升养老服务人才职业认同感和社会地位。鼓励设置养老护理服务公益性岗位，通过合理的激励机制引导社区贫困人员和失业人员通过公益性养老服务岗位实现就业，提供社区居家养老服务。鼓励职业院校、技工学校开设养老、护理、家政等相关专业，推进建立多层次养老护理人才培养实训基地。

第三节　以强化配置力为关键优化社区养老服务资源配置方式

社区养老的优势在于能够整合社会资源，依托社区、嵌入市场、面向社会、服务家庭（Emily，2014；Fields et al.，2021）。优化社区养老服务资源的配置方式，应当进一步厘清配置主体的责任。其中，政府在满足经济困难家

---

① 《国务院关于印发"十四五"国家老龄事业发展和养老服务体系规划的通知》（国发〔2021〕35号）。

庭的最迫切养老需要和最广大人群的最基本养老需求中应当发挥主导作用，在提供差异化养老服务方面发挥引导作用。社会和个人则主要在满足差异化养老服务需求方面发挥主导作用（丁建定，2019b）。市场作为养老服务产品的供给主体之一，主要在激发社会活力、提高资源配置效率、丰富服务产品供给和推动服务提档升级等方面发挥重要作用（Toto，et al.，2021）。

一　发挥政府在养老服务体系构建中的引导作用

发挥政府的兜底保障作用。政府作为公共服务的最主要提供者，也是向老年群体提供基本养老服务的主要责任人。政府首先应当发挥托底作用，即政府要负担基本养老服务的供给，保障老年人的生存生活权利。这是因为政府是基本养老服务制度的主要建设者和相关政策的制定者及执行者，掌握着绝大部分养老相关的社会福利资源，有能力、有责任制定并执行适宜的社会养老服务政策，并建构相应的老年社会福利制度。例如，开展特困人员集中供养需求摸底排查，制订服务计划，确保有集中供养意愿的老年人全部实现集中供养。引导公建民营、民办公助等养老服务机构优先接收特殊困难老年人以及享受优待的老年人。探索通过购买服务方式，建立特殊困难老年人定期巡访制度。

发挥政府的政策引导作用。政府要对市场、社会、家庭在社区养老服务体系建设中扮演的角色和发挥的作用合理定位，建立体现公平与效率原则的分工协作体系和工作运行机制。在养老服务体系建设中，政府并不能独揽权力，而是应广泛动员和组织协调企业、社区、家庭、个人等参与到社区养老服务资源供给工作中并赋予其应有的责任和权利。（1）完善社区养老配套政策。加快推动基本养老保险全国统筹，对养老保险基金当期余缺在全国范围内地区间进行调剂，解决基金的结构性矛盾。进一步完善城镇职工基本养老金动态调整机制，根据经济社会发展水平适时调整基础养老金标准。[①]推动高龄津贴、失能老年人补贴和残疾人"两项补贴"制度与长期护理保险及其他

---

① 《关于印发〈"十四五"公共服务规划〉的通知》（发改社会〔2021〕1946号）。

相应政策的衔接。（2）强化财政资金投入保障。根据社区养老服务资源配置的需求，完善经费保障机制，将社区养老服务体系建设经费列入同级政府财政预算，对普通型养老服务床位和护理型床位实行差异化补助，引导各类养老服务机构优先接收特殊困难老年人。完善财政补贴机制，推动养老服务补贴从"补供方"逐步向"补需方"转变。各级政府要加大福利彩票公益金对养老服务体系建设的投入力度，投入比例应当不低于55%，未来应随着老龄化的持续加剧而逐步提高比例。（3）降低养老企业运营成本。加大政策支持力度，指导社区养老服务机构坚持普惠利民导向。统筹用好土地、投资、税收、金融等支持政策，盘活现有设施资源，无偿提供给非营利性养老服务机构，降低服务成本，促进价格普惠。理顺普惠性养老服务价格形成机制，引导供给主体提供与当地城乡居民收入水平相适应的普惠性养老服务，遏制过度逐利行为。依据成本变化、居民收入等情况，健全普惠性服务价格调整机制，及时公开披露项目运行等信息。

发挥政府的服务监管作用。既要制定养老服务资源供给质量监管体系，同时，还要督促参与组织提高服务能力、完善软硬件设施、强化服务质量保障等。（1）推动城市社区养老服务标准化建设。严格执行养老服务的国家标准和相关行业标准，坚守安全底线。结合城市社区养老服务资源配置需求不断完善服务质量标准和评价体系，针对养老服务机构，定期开展等级评定，通过以评促建不断提升养老服务质量。加强地方养老服务标准体系建设，推动政府主导的地方标准建设，加快完善居家上门服务、家庭养老照护床位等方面的规范标准与合同范本，鼓励行业协会组织制定发布团体标准，鼓励养老服务机构、养老企业制定具有竞争力的企业标准，形成居家、社区和机构分级照护服务标准体系。强化养老服务标准宣传和实施，分层分类培育一批标准化示范单位。（2）提升养老服务监管水平。构建多主体、多渠道、多形式的协同监管机制，建立健全政府监管、行业自律、公众与舆论监督相结合的立体化、综合性监管体系，实行全方位、全流程监管。加强养老服务行业消防、食品、卫生等安全底线管控。建立健全安全风险分级管控和隐患排查治理机制，实现安全风险自辨自控、隐患自查自治。健全"双随机、一公开"工作机制，健全联合监管、联合执法、联合惩戒的跨部门协同监管机制。大力推行"互联网+监管"，建立监管结果与等级评定、机构补贴、政府购买服务以及行业退出等挂钩的协同机制。开展非法集资重点防范和专项整治，做好政策宣传和风险提示，严防以虚假投资、高额返利、预付费等方式进行的非法集资。

二 发挥市场在资源配置中的决定作用

深化公办养老机构改革。探索公办养老机构改制为国有养老服务企业，或者拓展为连锁服务机构。完善公建民营养老机构管理制度，鼓励采取委托管理、补贴运营、股权合作、购买服务等方式支持公建民营养老机构发展，加强合同执行情况监管。引进优质企业或社会服务机构早期介入、全程参与委托经营的公办养老机构项目工程建设。鼓励和支持养老机构连锁化、品牌化运营，通过规模化提升经营效益。推动对公建民营、民办公助类养老机构收费（床位费和护理费）实行政府定价，开展普惠性养老机构或养老床位认定。如广州市将"不高于本市常住居民上年度月人均可支配收入的1.3倍（7399.6元）"的普惠性养老服务收费划定为基本养老服务收费的"上限"（不含特需照护）。上海市要求每个街道、镇（乡）至少有一家保基本养老机构，各区床位数应不低于区域户籍老年人口的2%，对保基本养老机构进行认定，保基本养老机构基本服务收费（床位费和护理费）实行政府定价或政府指导价。

推进城企联动普惠养老行动。积极争取纳入国家城企普惠联动养老专项行动试点，发挥中央预算内投资引导和撬动作用，地方政府制定支持性"政策包"，带动企业提供普惠型"服务包"，推动建设一批方便可及、价格可接受、质量有保障的养老服务机构，扩大普惠性养老服务供给。鼓励各地结合实际合理确定普惠型养老服务项目和价格，明确受益范围和支持标准，推动普惠型养老服务价格在合理区间运行，显著低于当地同等服务水平的市场化养老服务机构。

大力发展银发经济。适应人民群众需求增长和消费升级趋势，促进养老与教育、旅居、体育、健康等行业融合发展，优先发展能够与基本养老服务和普惠性养老服务密切配合、有序衔接的高品质多样化生活性养老服务。例如，社会资本可以拓展对老年人的专业化服务，积极进入休闲旅游、健康服务、体育健身等服务领域；电商可以开发老年用品市场，增加适应老年人消费需求及特点的商品和服务的供给；扶持和发展护理型、护养型养老机构，鼓励民间资本参与医养融合类养老服务建设；引导保险公司、商业银行等金融机构开发老年金融产品。大力发展辅具用品产业，积极发展老年用品产业，支持企业加大研发设计和智能制造力度，培育一批"专精特新"小巨人企业、制造业单项冠军企业。培育老年健康产品产业基地，打造品牌影响力强、服务水平高的养老龙头企业，实现养老服务的品牌化、连锁化和专业化发展，推动生活性养老服务与基本养老服务互嵌式、阶梯式发展，为基本养老服务提档升级探索方向、拓展空间、积蓄能量。

三 发挥社会在服务供给中的主体作用

鼓励社会资本举办养老服务。政府通过提供基本保障，如用地保障、财税优惠、信贷支持等方式鼓励和引导社会力量参与养老服务。不断拓宽养老服务投融资渠道，建立养老服务项目回报机制，激发和调动社会资本参与养老服务的积极性。推动培训疗养资源转型发展普惠养老服务。全面保障外资举办养老服务机构享受国民待遇。鼓励社会资本对闲置厂房、闲置校舍、商业设施及村集体股份公司闲置物业等资源进行整合和改造后用于养老服务。支持社会力量建设连锁化、医养结合的养老机构，推动其在长期照护服务标准规范完善、专业人才培养储备、信息化智能化管理服务、康复辅助器具推广运用等方面发挥示范引领作用。提升央企、国企社会责任担当意识，引导地方国有资本培育发展以普惠性养老服务为主责主业的国有企业。

引导社会组织发挥补充作用。在政府和市场作用无效或者低效的领域，社会组织凭借较强的社会责任感、广泛的群众基础以及较高的专业化能力等自身优势发挥着不可或缺的重要作用，有效填补政府与市场作用发挥的空白领域。政府应当重视调动社会组织的积极性，鼓励其投入养老服务的事业之中，这样既可缓解政府提供养老服务的压力，降低政府养老投入成本，又可以针对老年人多样化的需求提供多元性服务，增加公益性养老服务的供给。政府应提供政策支持和财政支持，积极培育社区为老服务组织，进行专业化的培训，指导和促进老年社区社会组织规范化发展，开展示范性老年社会组织建设（Perry and Karen，2017）。支持和引导公益性、服务性为老服务社会组织带动志愿者服务独居老人。鼓励和引导老年人在社区建立基层老年协会，改善基层老年协会活动设施条件，加强骨干培训和活动指导，引导老年协会参与社区建设和管理活动。通过政府购买服务等方式，引入专业社会工作者、社会组织等对基层老年协会进行培育孵化，打造一批规范化、专业化基层老年协会。

四 发挥家庭在养老服务中的基础作用

整体来看，家庭养老目前依然是我国最主要的养老方式。家庭往往承担着对老年人在经济上供养、生活上照料和精神上慰藉的责任。[①] 在家庭照顾功能日益弱化的背景下，社会化养老服务趋势不可逆转。但老年人的精神慰藉的责任主要体现在家庭养老服务中（Choi，2021）。鼓励成年子女与父母共同居住或共同生活。借鉴典型国家和地区经验，如中国香港特区政府对赡养年迈父母以及与年迈父母共同居住的成年子女给予纳税基数优惠；英国、新加坡政府对与老年家庭成员一起居住者在购买经济适用房时给予优先和优惠（丁建定，2019b）。政府应当进一步制定住房等方面的家庭综合支持政策，对与年迈父母共同居住的成年子女在购买安居房、更换商品住房或申请公共租赁住房时给予优先和优惠政策，同时完善阶梯水费、电费、燃气价格政策优惠，鼓励成年子女履行赡养义务和承担照料责任。

---

① 《老年人权益保障法》。

第四节　以提升获得力为目标提升
社区养老服务资源配置效能

有效回应居民多层次、多样化的养老服务需求，是社区养老服务资源配置的目标。国际上已提出了整合照料的政策理念，以被照料者为中心，实现居家、社区、机构不同服务场景之间，养老、医疗、护理等不同设施之间，服务不间断、高质量的供给（Imaiso，2021；Thom et al.，2020）。在厘清社区养老服务资源配置内容、配置主体和配置标准的基础上，既要做好增量提质，也要做到普惠就近，加强设施、服务、信息的整合和人口增长趋势的预测，确保老年人得到及时、便捷、优质的社区养老服务。

一　以"功能聚合"推动服务"一站式"供给

健全街道、社区两级养老服务网络。按照"一街道一中心，一社区一站点"分区分级规划建设社区养老服务设施，与社区医疗、助残、托幼等设施邻近设置或同址设置。在街道层面，建设集短托、日托、居家、医养结合、家庭喘息等功能于一体的综合性养老服务中心（Karnick et al.，2019），发挥区域资源统筹协调作用；在社区层面，布局"嵌入式"社区养老服务设施，实现社区老年人日间照料中心全覆盖，提供老年人急需的助餐配餐、文体娱乐、辅具租赁、家属支持等服务。支持综合性养老服务中心与社区日间照料机构连锁化运营。引导养老服务机构将专业养老服务延伸到家庭，建设家庭养老床位，推动居家、社区、机构融合发展，帮助老年人实现"原居安老"（Jiao，2012）。探索"社区＋物业＋养老服务"模式，引导物业服务企业按照保本微利原则提供持续稳定的服务，增加社区养老服务有效供给。

提高供餐助餐、助洁助浴服务能力。依托社区养老服务设施或连锁型餐饮企业等资源，打造社区老年食堂（助餐服务点）等为老供餐助餐服务网络，提高服务的普惠性和网点的可及性，重点解决社区高龄、独居老年人"就餐难"问题。鼓励供餐助餐服务机构开发适老餐饮产品，为老年人提供营养膳食服务。引导物流企业、外卖平台等市场主体参与供餐配送服务。改造社区养老服务设施，设置助浴点，或者通过政府购买服务方式，引入流动助浴车、入户助浴服务，培育专业化、连锁化助浴服务机构。开展养老护理员助浴技能培训，支持专业服务机构和科技企业开展助浴服务相关产品研发和设计创新。鼓励金融机构开发专门保险产品，降低助浴服务机构服务风险。支持家政服务企业开发被褥清洗、收纳整理、消毒除尘等适老保洁服务产品。引导物业服务企业将保洁服务范围由公共区域向老年人家庭延伸。

二 以"医养结合"推动社区"整合照护"

在"医养结合"背景下，为有效破解"有养无医""有医无养"的难题，提高社区老年医养服务水平，应统筹医疗、养老资源，为老年人提供连续性的医疗、养老服务（Tanaka，2002；Smith，1981）。

增加社区老年健康服务供给。开展老年人健康教育，树立"个人是健康第一责任人"理念，积极宣传倡导健康生活方式，强化"三减三健"意识，加强健康素养和生活方式指导（Vivarakanon，2021）。为社区居家老年人建立健康档案，为65岁及以上老年人每年提供一次免费体检服务。实施慢性病综合防控，开展对老年人退行性疾病和常见疾病的早发现、早干预、早治疗等"三早"健康服务，引导老年人形成健康的生活方式，积极参与体育锻炼，提高老年人身体素质。发挥中医药在治未病、慢性病管理、疾病治疗、康复、安宁疗护等方面的独特作用，促进优质中医药资源向社区、家庭延伸。对于有条件的社区，鼓励就近建立老年病医院或和综合医院签订转诊协议，为大病、重病的老年人提供双向的转诊绿色通道，实现社区、家庭和医院服务的无缝衔接。

提升医养结合服务能力。推动老年人家庭医生签约服务发展，扩大家庭医生队伍来源，支持开展家庭医生签约服务，丰富签约服务供给，为老年人提供慢性病长期处方服务和居家上门医疗服务。支持有条件的社区养老服务机构、敬老院等通过内设医务室或护理站等拓展医养结合功能。鼓励医疗卫生机构在社区养老服务机构等设立医疗服务站点。借鉴上海地区的经验，依托市级老年医学中心的专业引领，在医院相关老年病科室和区域老年医疗中心的覆盖半径内，在所有养老服务机构中嵌入医疗设施和服务，构建三级老年医疗护理机构格局。加强医养签约合作，社区卫生服务机构通过签约服务为社区养老机构、敬老院的老年人提供基本公共卫生服务并按照协议提供医疗卫生服务。

推动"互联网＋护理服务"试点。鼓励医疗机构依托机构注册护士，形成"线上申请、线下服务"服务模式，为出院后延续性护理患者或罹患疾病且行动不便的长者开展持续的上门服务（Weech-Maldonado，2020）。同时，加强医疗机构资质、互联网技术平台和从业护士执业资质的严格把关。推动"智慧医院"建设，发挥"互联网＋医疗健康"作用，依托医联体上级医院建立远程医疗服务系统，为老年人提供远程诊疗服务。探索通过互联网等信息技术开展智慧化居家社区健康和养老服务，推动区域医疗和养老信息互通、数据共享，提高服务效率和水平（Elizabeth et al.，2007）。

三　以"互联网＋"推动服务"精准化"供给

打造社区"虚拟养老院"。智慧养老平台建设是提高养老服务配置效率、推动精准服务的关键环节。以需求为导向，按实用高效的原则，综合采用电子健康档案、老年热线电话、电子服务手册、一键呼叫系统等多种形式，构建"虚拟养老院"，为老年人提供便捷、高效的社区养老服务，实现线上与线下养老服务的联动配合（Ping and Library，2017）。

依托信息平台整合社区资源。鼓励社区商家接入"互联网＋"社区智慧养老网络平台，整合和调配社区各种资源为老年人提供服务，如上门理发服务，社区药店、超市和商场等送货上门服务。充分利用互联网和物联网优势，全面整合各方资源，为老年人构筑便捷的服务精准触达网络，让更多的老年人及时、便捷地享受到优质养老服务（Ganesan et al.，2021）。

建立智慧养老机构。推动养老机构使用智能家电、安全监控、一键呼叫等设备，提高照护服务效率。支持养老机构使用智能床垫、安装定位系统，有效提升护理质量，掌握入住人员的实时动态和安全情况（Parker and Thorslund，1991）。

四 科学研判人口结构优化养老服务资源配置

建立精准的老年人口分布的测算分析机制。建立对人口分布情况的精准测算机制，是资源能够有效匹配的前置条件。在科学配置社区养老服务资源时，需要结合老年人口规模、结构和分布等人口特征进行系统设计，为社区养老服务资源优化配置提供科学的决策依据。加强对老年人口变动和养老服务需求信息的管理、分析和预测，监测人口老龄化变动情况及发展趋势，形成人口老龄化预测预报制度。除通过对老年人口规模、空间分布等信息分析确定养老床位总数和分布，还需要对不同类型的床位数量进行预测，采取分期建设的方式保障供给。

构建基于常住老年人口的资源配置模式。改革开放以后，城市人口逐年创新高，给以户籍人口配置公共服务资源的传统格局带来很大挑战，第七次全国人口普查数据显示，我国城市人口已占全国人口的63.89%，推动构建覆盖常住人口的资源配置模式需要尽快形成各方共识。在我国大力推动基本公共服务均等化的背景下，健康预防等公共服务已经实现了按常住人口来配置，但在与老年人口密切相关的领域，如养老床位等仍然没有实现均等化配置。可采取渐进式的方式推动按常住老年人口配置社区养老服务资源。首先，整合各类存量资源，呼吁从顶层设计层面扩大其对非户籍人口的覆盖面，如老年大学学位（Oldani et al.，2019）、公共文体设施的老年人"免票入场"和公办机构的养老床位等。其次，合理规划增量资源。在规划新增社区养老服务资源时，要将常住非户籍老年人口考虑在内，向常住老年人口集聚区域适当倾斜，实现社区养老服务资源效应的最大化。

第七章
总 结

第一节 研究结论

一 优化社区养老服务资源配置是破解大城市养老难题的重要突破口

我国处在迈向深度人口老龄化、各种老龄化社会问题逐步显现、各种应对人口老龄化方案逐步推出的关键阶段，构建高质量可持续的养老服务体系既是实践的需要，也是理论的必然，本书通过文献研究、历史研究、实证研究，有以下两点发现。

社区养老服务是破解城市养老服务难题的重要选择。人口老龄化是21世纪全球面临的共同社会问题，也是我国在新时代所面临的最突出问题之一。积极应对人口老龄化，事关国家发展全局，事关亿万百姓福祉。西方发达国家在全面迈入人口老龄化社会之后，逐步探索了以社区照顾来应对老龄化的道路，把发展社区养老服务作为政策的重点与养老服务体系建设的重点，在一定程度上为我国积极应对人口老龄化提供了有益的经验借鉴。我国有着深厚的重视社区与邻里的文化传统，倡导建设守望相助、邻里互助的社区也逐步成为我国政策的趋势。上海、南京、北京、广州等地在破解大城市养老难题方面积极探索，均把大力发展社区养老服务作为探索的重要方向，也形成了有益的实践成果。无论是从国内外的经验来看，还是从理论研究的重点来看，社区养老服务体系建设成为破解大城养老难题的重要突破口。

社区养老服务体系建设关键在于优化社区养老服务资源配置。社区养老服务资源配置历来备受我国各级政府重视，各地均对资源配置的方式做出多种探索，并尝试构建理想的体系模型和供需适配的运作机制，推动多主体参与的资源能够进行有效配置，从而满足多样化需求。即便如此，一些突出的问题也不容忽视，主要包括社区养老服务资源供需不匹配、社区养老服务资源配置主体职责边界不清、社区养老服务资源配置客体不完善、社区养老服务资源配置标准缺失等问题。针对这些问题，应当从实际出发，前瞻谋划，探索城市社区养老服务资源配置的要素、结构、机制，从而形成城市社区养老服务资源配置的理论框架与决策模型，走出一条具有中国特色的社区养老服务资源配置道路。

二 我国城市社区养老服务资源配置与经济体制和福利制度改革同步变迁

新中国成立以来，与我国社会经济发展、国家社会变革、人口老龄化进程加速相呼应，社区养老服务资源配置经历了变迁的过程。

社区养老服务资源配置主体、客体、标准的变迁形成了各自的发展脉络。社区养老服务资源配置主体受到经济体制变革、养老服务政策改革、社区建设与社区福利发展轨迹的深刻影响，形成了由集体主导到政府主导向多元主体参与的发展脉络；社区养老服务资源配置客体因主体的不同，从以物力配置为主到以服务配置为主再向以综合性供给为主转变，配置客体随着经济社会的发展而更加丰富多元；社区养老服务资源配置标准随着中国社会保障制度与社会福祉建设理念的变化而不断变化，从补缺型资源配置向保基本资源配置再向发展型资源配置变化。城市社区养老服务资源配置要素变迁的脉络为我国当前优化城市社区养老服务资源配置提供了历史的视角。

我国城市社区养老服务资源配置变迁呈现出明显的阶段性特征。从我国社区养老服务资源配置历史演变中可以看出国家在社区养老服务资源配置中的理念变迁，也在一定程度上反映了我国社区养老服务资源配置的阶段性特征。一是从注重家庭和个人到强化政府在资源配置中的主体作用，随着老龄化进程的加速以及为了消解改革开放市场效应与经济增长的负面影响，政府要在企业组织扶持、资金支持、制度保障等方面发挥主导主体作用；二是从物质资源配置向综合化资源配置转变，早期的单纯的物质资源配置，为了满足人民群众日益增长的美好老年生活需求，随着配置主体的日益多元，逐步转变成了综合化养老服务资源配置的格局；三是从保基本和生存型资源配置向高质量和发展型资源配置转变，在由计划经济时期向社会主义市场经济转型的过程中，单位型生活保障制度下的养老服务资源供给呈现出兜底保生存以及适应新时期经济社会发展转型的特点，随着老龄化社会加速发展，以政府为主导的多元化养老服务资源配置结构逐步完善，我国社区养老服务资源配置迎来专业化高质量发展新格局。

三 深圳社区养老服务资源配置为新型城市社区养老服务建设提供了有益借鉴

深圳在全面推进"老有颐养"民生幸福标杆城市建设的过程中，从顶层谋划开始，就非常重视构建完善的社区养老服务体系，将社区养老服务的长足发展作为建设工作的核心，逐步探索了一条独特的社区养老服务资源配置道路，为新发展理念下我国城市构建新型社区养老服务资源配置方案提供了新的参考。

深圳社区养老服务体系建设既有我国城市社区养老服务供需失衡的共性问题又有深圳的个性特点。深圳作为全国最年轻的城市，社区养老服务资源形成了法治为纲、设施为核、服务为本、标准为基、科技为媒的供给格局，在资源配置过程中以人口结构、服务需求为导向，但由于所处的老龄化阶段及多元化的因素，深圳城市社区养老服务资源配置存在供需脱节、结构失衡、内容失调、标准缺失等问题。研究表明，由于城市社区有不同的发展历史，其老年人口的数量、年龄、受教育程度、经济情况等各不相同，由此带来显著的需求差异，因此，社区养老服务资源在配置时，对主体、客体和标准的选择的影响因素也不尽相同。

深圳社区养老服务资源配置经验为新型城市社区养老服务资源配置提供了有益借鉴。近年来，由于城市年轻、政策要求高、民众期待高，深圳以高标准、高要求推进养老服务资源配置，注重以人民为中心，注重资源匹配的有效性，注重市场在政府主导下建立合理的资源分配机制等，深圳社区养老服务的总体满意度较高，形成了一定的特色与亮点。深圳以全面推进"老有颐养"民生幸福标杆城市建设为目标，把高质量、多层次、可持续养老服务体系建设作为重要的政策目标，把增强老年人及其家庭的获得感作为政策目标，确定了"获得力"；在社区养老服务资源配置中，深入开展社区老年人口现状与基线调查，了解养老服务需求，确定了"需求力"和"承受力"，以此为基础，构建了以法治为保障的社区养老服务资源配置路径，对社区设施资源、人力资源、财力资源、文化资源等进行了全面的配置，从而不断提升社区养老服务资源的"配置力"。这一实践模式为社区养老服务资源优化配置的理论模型构建提供了基础，为新型城市社区养老服务资源配置提供了有益借鉴。

四 以"主体－客体－标准"为要素的配置模型是社区养老服务资源配置的路径参考

本书基于文献综述发现，在社区养老服务资源配置相关研究中，专家学者除关心社区养老服务供需之间的矛盾现状和产生原因，还关心社区养老服务资源配置的效果效率以及质量评价，同时更关注城市社区养老服务资源配置的策略研究。

在社区养老服务资源优化配置过程中，社区养老服务资源配置主体、客体、标准，是资源配置的核心要素。这些研究重点，均可以从资源配置的主体、客体、标准三个层面去归纳总结。类似的结果在本书关于社区养老服务资源配置的历史演变和发展趋势的梳理中同样可以发现。我国社区养老服务资源配置随着社会经济发展不断演变，表现在资源配置的主体、客体和标准上，便是资源配置主体集体－政府－多元的变迁，资源配置客体物力—服务—综合的变迁，资源配置标准补缺—基本—普惠的变迁。从社区养老服务资源配置的主体、客体、标准三个要素学术研究和历史变迁中，我们可以发现，无论是专家学者还是政策制定者以及实践管理者，均十分重视对社区养老服务资源主体、客体、标准的重塑。因此，从资源配置主体、客体、标准的角度分析资源配置的影响因素，探索资源优化配置模型和策略建议，符合逻辑思维理念，也符合历史发展规律和社会发展常态。

基于城市社区养老服务资源优化配置的主体、客体、标准三要素，结合社区养老服务资源配置目标与"获得力""需求力""承受力""配置力"，本研究构建了城市社区养老服务资源优化配置理论模型。通过历史研究与实证研究，本书在对深圳社区养老服务资源配置影响因素分析的基础上，构建了基于社区老年人口对社区养老服务满意度，包含社区养老服务资源配置主体（政府—市场—家庭）、配置客体（社区日间照料中心、社区养老护理员、社区养老补贴、社区孝亲敬老氛围）、配置标准（社区老龄化进程，社区老年人养老服务需求、获得感）的社区养老服务资源配置模型。以此为基础，结合社区养老服务体系建设目标和保障内容，依据SDG理念原理构建了城市社区养老服务资源优化配置的理论模型。该模型以满足老年人及其家庭养老服务需求和实现政策目标为导向（确定"获得力"），通过深入分析社区养老服务需求和实现人口结构，综合考虑老年人支付能力等（确定"需求力"和"承受力"），以政府、市场、家庭为社区养老服务资源优化配置的主体，以社区养老服务人力、财力、物力、文化资源为客体，以社区老年人口分布、老龄化进程和社区养老服务需求为标准，以组织、政策、产业发展为保障，综合了城市社区养老服务资源优化配置三个要素和各个层面的内容（提升"配置力"）。该理论模型描述了城市社区养老服务资源优化配置的整个流程，一方面，可以为政府制定社区养老服务资源配置相关政策提供决策参考；另一方面，还能在实际操作层面提供支持框架，为后续研究提供理论参考和实证数据支持。总之，本书构建的城市社区养老服务资源优化配置模型，将有力支持社区养老服务体系建设完善以及为社区居民养老服务需求满足的目标实现提供方向和路径选择。

五　通过满足需求力、增强承受力、提升获得力、强化配置力可以有效加强养老服务资源配置

在了解我国城市社区养老服务资源配置系统、资源配置规律的基础上，结合本书提出的配置模型，本书进一步提出了与我国综合国情相适应的城市社区养老服务资源优化配置路径。本书认为，城市社区养老服务资源优化配置需要以满足需求力为方向重构资源配置内容、以增强承受力为重点确立资源配置标准、以强化配置力为关键优化资源配置方式、以提升获得力为目标提升资源配置效能。

城市社区养老服务资源配置应结合我国国情，以满足"需求力"为方向，依据老年人身心健康状况和社会经济情况，分层分类重构全生命周期的资源配置内容，回应老年人及其家庭"在地养老"需要。这就要求在全社会倡导积极老龄观、重视老年人力资源、充分发挥老年人余热。同时，在此基础上，还应该依据当前我国城市社区老年人口分布、结构以及养老服务需求、利用和满意度状况，分层分类构建能够满足居民全生命周期需求的资源体系，促进养老服务"人人可享"与"相对公平"，根据资源配置方案，对存量资源进行合理分配，对增量资源进行提前谋划，推动资源优化的效果持续提升，实现社区养老服务资源效应的最大化，为健全城市社区养老服务体系，满足居民多层次多样化社区养老服务需求奠定基础。

城市社区养老服务资源配置应该充分考量老年人收入状况、政府财政的承受能力以及社会可调动的资源状况，以城市综合"承受力"为基础，设定养老服务资源配置"基线"。提升综合"承受力"既对资源配置的流畅运行形成了有力保障，也赋予了资源配置可持续发展的可能性。丰富"人人可及"的社区公共服务，制定相关服务的"菜单"，做好特殊困难老年人兜底性保障，提升公办养老机构照护能力。在此基础上，深入推进普惠性养老专项行

动计划，大力推动社会资本加速流入社区养老服务资源配置市场，加大政策扶持力度以尽可能降低社区养老产业企业运营成本，推动社区养老服务标准化建设，健全普惠性养老服务供给体系。

通过提升"获得力"提高社区养老服务资源优化配置效能。社区养老服务资源优化配置要做好增量提质，具体而言，要做到普惠就近，加强设施、信息、服务的整合，确保老年人得到及时、便捷、优质的社区养老服务。在城市社区养老服务资源优化配置理论模型中，老年人及其家庭的目标之一便是获得"15分钟养老服务圈"所提供的便利、高效、高质量的社区养老服务。"15分钟养老服务圈"的形成需要空间、组织、政策等多方面保障和支持，这不仅需要充分发挥政府的引导和激励作用，更要激发市场的活力。同时，社区老年人及其家庭对社区养老服务需求不局限于养老，还需要匹配健康类服务，甚至包括休闲、娱乐、教育、体育等多类型服务。这要求社区完成养老服务设施资源配置之后，在配置设施内部人力、财力、物力资源以及设计设施内部养老服务内容时，应充分考虑开展"医养结合"服务。当然，在社区养老服务资源配置以及社区养老服务体系建设过程中，应利用互联网信息技术，不断提高社区养老服务需求满足的效率。

以强化"配置力"为关键优化社区养老服务资源配置，明确政府、市场、家庭在社区养老服务资源优化配置中的职责和功能定位。首先，应充分发挥政府在社区养老服务资源配置中的引导和激励作用。社区是承载和输出养老服务的重要单元，在进行养老服务资源优化配置时，政府应承担政策制定、资金扶持、组织保障等多方面职责。其次，引入市场机制，促进市场融入社区养老服务资源配置的"全链条"，坚持政府主导，形成合理的资源配置逻辑，形成供给丰富的社区养老服务资源配置格局。再次，要鼓励社会组织、志愿者充分参与社区养老服务资源优化配置和社区养老服务体系构建，为社区互助养老服务模式建设提供组织和人力保障。最后，要鼓励成年子女及其他家庭成员参与社区养老服务体系构建，明确家庭在社区养老服务资源配置中的重要地位。

第二节　研究创新与展望

一　研究创新

本书深入分析了社区养老服务资源配置的要素构成系统。既有效回应了当前社会关注，又立足当前社区养老服务发展中资源"闲置"与"不足"的结构性矛盾，以资源配置的视角去分析社区养老服务体系建设的路径。尽管在社区养老服务资源配置方面已有一定的理论与实践研究，但主要是从现状、问题与对策角度开展的研究。本研究综合利用福利多元主义、新公共管理理论、匹配理论的基本原理，从资源配置主体、配置客体、配置标准要素整合的角度着手，对社区养老服务资源配置主体的构成、配置客体的体系、配置标准的选择进行了系统化的论述，在一定程度上，是对过去的养老服务资源配置相关研究的理论提升，在学理层面构建了城市社区养老服务资源优化配置理论模型，通过提出资源配置主体的多元参与、资源配置内容的丰富供给、资源配置标准的需求导向，完善了社区养老服务体系建设中资源配置的理论体系，为社区养老服务体系建设提供了可操作的理论框架，也为社区养老服务事业发展提供了理论支持和智力支撑。

基于深圳"老有颐养"先行示范区建设全景式地展示了社区养老服务资源配置实践。本书以深圳为案例进行研究，是因为深圳作为全国较年轻的城市，城市空间集约，在前瞻布局养老服务体系建设的过程中，将发展社区养老服务作为破解大城市养老难题的突破口。此外，深圳由于所处的老龄化前期的阶段性特点，社区养老服务资源"闲置"与"不足"的结构性矛盾成为政府、社会推动社区养老服务发展面临的"堵点"。此外，深圳在推进"老有颐养"民生幸福标杆城市建设的过程中，要先行示范，就必然在社区养老服务资源配置方面出成果、出经验。深圳在社区养老服务资源配置中，既可以借鉴老龄化先发国家和地区，也可以借鉴国内老龄化城市的经验，在社区养老服务资源配置方面形成独特的优势，从而走出一条高质量、可持续的社区养老服务发展道路，从而为中国特色社会主义现代化强国城市范例提供民生样板。本书通过对深圳养老服务政策的全面梳理、数据的全面分析、问题的深度调研，对深圳社区养老服务资源配置主体、配置客体、配置标准进行了全面分析，以此为基础，对深圳社区养老服务资源配置的基本路径进行了初步构建，为构建城市社区养老服务资源优化配置理论模型奠定了坚实的数据基础。通过梳理深圳近年来社区养老服务资源配置的政策实践，既能进一步优化城市社区养老服务发展战略，又可以为其他新型城市社区提供可借鉴的经验。在一定程度上丰富了当前学术界关于城市社区养老服务资源配置的实证研究，为观察、研究积极应对人口老龄化国家战略的城市实践提供了窗口。

构建了"要素整合"与"四力协调"的社区养老服务资源优化配置模型。本书在深入的文献分析的基础上，依托城市案例的实证研究，以资源配置主体、资源配置客体、资源配置标准来分析社区养老服务资源配置的要素内容，从需求力、承受力、获得力、配置力来分析社区养老服务资源配置的演进机制，形成了一个独特的分析框架。资源配置主体、资源配置客体、资源配置标准揭示了社区养老服务资源配置的系统构成，明确了社区养老服务资源配置的参与主体、服务内容和配置依据，通过需求力、承受力、获得力、配置力阐明了主体、客体、标准之间的协同机制，从而形成了一个完整的社区养老服务资源优化配置的分析框架，揭示了社区养老服务资源优化配置的作用机制。

二　研究展望

选取不同类型城市案例深化养老服务资源优化配置实证研究。本书以深圳为典型案例开展城市社区养老服务资源优化配置实证研究，可为大城市解决养老难题提供经验借鉴。因深圳相对年轻，其老龄化独具特色，所以在实证研究层面，本书的案例选择可能具有一定的独特性，但因本书基于全国城市社区养老服务资源配置现状、问题、政策目标提出资源优化配置理论模型和资源优化配置策略建议，所以本书依然具有一定的可推广性和代表性。未来研究可以考虑增加实证样本的数量，优化样本的地域分布以及结构。具体而言，在未来的研究中，可以根据中国各个城市老龄化进程，分阶段、分类别、分层次选择案例城市，提高样本的代表性。基于大样本研究，丰富城市社区养老服务资源优化配置的实证分析，还可以从侧面开展本书构建的资源优化配置理论模型的实践验证，这对于本书的充实完善具有重要的意义和价值。

收集更加详细的数据优化城市社区养老服务资源优化配置模型。在基线调查过程中，因深圳"智慧健康养老"服务和管理平台尚在建设中，问卷调查耗费巨大人力、财力、物力资源，也仅能获取社区老年人口基本信息和养老服务需求数据以及社区养老服务设施数量、类型等整体性数据，对于社区养老服务设施内部的人力、财力、物力、文化等相关细节数据，暂时难以获取。未来在养老信息系统建立之后，应考虑进一步加大数据收集力度，开展社区养老服务资源精细化配置。下一步的研究可以综合采取多样化数据收集方法，尽量获取样本社区养老服务设施内部的人力、财力、物力和信息化等资源信息。基于社区养老服务设施数据，未来的研究不仅可以开展资源优化配置探索实践，而且可以从更为微观的视角——需求探索精细化社区养老服务开展所需的人力资源、财力资源、文化资源和设备资源等。这也是笔者下一步的研究计划和重点研究方向。

根据城市社区养老服务资源优化配置理论模型进行资源配置效果评估。本书建立的城市社区养老服务资源优化配置理论模型，尽管经过了专家论证，但考虑到模型落地的难度和模型落地的时效性，模型试点以及干预效果评估暂未能实施。未来应尽力开展相应研究，完善模型实践层面的验证和效果评估，以期进一步改进和完善模型。下一步可以选择可供试点验证的城市，结合本研究的理论模型，在实践层面开展试点和配置的有效性评估。经过一段时间之后，通过搜集资源优化配置试点前后老年人养老服务需求满足程度和养老服务体验评价数据信息，利用双重差分等统计学分析方法，对本书所构建的模型进行干预效果评估，这对于模型的改进和完善具有重要的意义。同时，下一步将结合模型试点评估研究，将本书提出的城市社区养老服务资源优化配置策略和建议提供给模型试点区域的社区养老服务机构，力争试点区域可以按照策略建议开展养老服务资源优化配置实践。这一方面可以验证本书构建的理论和实证模型以及提出的策略建议的科学性和可操作性，另一方面可以为相关研究的进一步深化提供资料支撑。

参考文献

安兵，2013，《需求与供给视角下的城市社区养老服务研究》，硕士学位论文，湖南师范大学。

曹轶蓉、王辉、童磊，2022，《未来社区建设背景下杭州市社区养老服务资源配置优化研究》，《商讯》第4期。

柴效武，2005，《养老资源探析》，《人口学刊》第2期。

陈社英，2017，《社区研究、社区养老与社会政策》，《人口与社会》第2期。

陈伟，2012，《英国社区照顾之于我国"居家养老服务"本土化进程及服务模式的构建》，《南京工业大学学报》(社会科学版)第1期。

陈伟涛，2021，《"和而不同"：家庭养老、居家养老、社区养老和机构养老概念比较研究》，《广西社会科学》第9期。

陈振明，1998，《转轨时期政府公共管理面临的挑战》，《特区理论与实践》第11期，第29~31页。

崔跃，2021，《基于空间特征的河北省养老资源配置研究》，硕士学位论文，燕山大学。

党俊武、李晶，2019，《中国老年人生活质量发展报告（2019）》，社会科学文献出版社。

丁建定，2013，《居家养老服务:认识误区、理性原则及完善对策》，《中国人民大学学报》第2期。

丁建定，2019a，《论中国养老保障制度与服务整合——基于"四力协调"的分析框架》，《西北大学学报》(哲学社会科学版)第2期。

丁建定，2019b，《推进居家养老服务健康发展的几个问题》，《中国社会工作》第23期。

丁建定、李薇，2014，《论中国居家养老服务体系建设中的核心问题》，《探索》第5期。

董欣茹，2021，《日常生活圈视角下的沈阳市社区养老服务设施布局研究》，硕士学位论文，沈阳建筑大学。

杜鹏、李龙，2021，《新时代中国人口老龄化长期趋势预测》，《中国人民大学学报》第1期。

房莉杰、周盼，2020，《"多元一体"的困境：我国养老服务体系的一个理解路径》，《江苏行政学院学报》第1期。

盖宏伟、刘博，2019，《改进完善我国城市社区养老服务供给运行机制探讨》，《理论导刊》第3期。

高东、张贝克、马昕、吴重光，2010，《基于SDG和定性趋势分析的控制系统故障诊断方法》，《北京理工大学学报》（自然科学版）第1期。

高琳、张岩松，2021，《养老服务机构人力资源优化配置的问题、成因及对策》，《江苏经贸职业技术学院学报》第6期。

高琦，2012，《我国城市社区养老服务的资源整合与优化研究》，硕士学位论文，广西民族大学。

郭林，2020，《中国社会养老服务资源优化配置研究》，社会科学文献出版社。

郭林，2019，《中国养老服务70年(1949—2019)：演变脉络、政策评估、未来思路》，《社会保障评论》第3期。

韩曙光，2018，《中国人口老龄化与养老产业问题研究》，硕士学位论文，新疆大学。

何晖、张会阳，2021，《基于空间资源匹配的养老资源区域配置评估——以湖南省14个地级市（州）为例》，《决策与信息》第5期。

何文炯、杨翠迎、刘晓婷，2008，《优化配置 加快发展——浙江省机构养老资源配置状况调查分析》，《当代社科视野》第1期。

黄启原、李颖、许昕、汤先萍，2021，《基于CLHLS的老年人社区养老服务需求及影响因素研究》，《护理学杂志》第3期。

黄乾，2005，《农村养老资源供给变化及其政策含义》，《人口与经济》第6期。

黄少宽，2013，《国外城市社区居家养老服务的特点》，《城市问题》第8期。

李芳，2012，《老年人精神需求及其社会支持网的构建》，《学术交流》第8期。

李朋朋，2016，《辽宁省发展特色养老产业问题研究》，《现代国企研究》第6期。

李文君，2011，《城市老年人养老服务需求及洛阳市养老机构的分析》，《中国老年学杂志》第13期。

刘冠男，2014，《我国城市养老资源配置问题研究》，硕士学位论文，西北大学。

刘继同，2017，《中国现代社会福利发展阶段与制度体系研究》，《社会工作》第5期。

刘毓锦，2019，《社区养老设施空间布局评价——以深圳市三区为例》，活力城乡 美好人居——2019中国城市规划年会论文集（20住房与社区规划），中国重庆。

刘长虎、胡松、毛拥军、邢昂，2017，《老年人衰弱的研究进展》，《中国全科医学》第16期。

龙玉其、刘莹，2020，《论立体式家庭养老服务支持体系的构建》，《湖湘论坛》第1期。

米什拉，2003，《资本主义社会的福利国家》，法律出版社。

缪青，2014，《社区养老资源整合和运行机制分析》，载《中国社区发展报告（2013）》，中国建筑工业出版社。

穆光宗，2016，《社区居家养老的思考》，《中国国情国力》第8期。

穆光宗，2000，《中国传统养老方式的变革和展望》，《中国人民大学学报》第5期。

穆光宗，2012，《美国社区养老模式借鉴》，《人民论坛》第22期。

皮勇华、倪赤丹，2021，《老有颐养 积极应对人口老龄化的深圳路径》，《中国民政》第11期。

钱宁，2015a，《破解中国社区居家养老难题的政策建议》，《中国民政》第19期。

钱宁，2015b，《中国社区居家养老的政策分析》，《学海》第1期。

全国老龄工作委员会办公室，2002，《老龄工作文件选编 中央卷》，华龄出版社。

唐钧，2015，《中国老年服务的现状、问题和发展前景》，《国家行政学院学报》第3期。

王辅贤，2004，《社区养老助老服务的取向、问题与对策研究》，《社会科学研究》第6期。

王杰秀、安超，2020，《"元问题"视域下中国养老服务体系的改革与发展》，《社会保障评论》第3期。

王洁非、宋超，2016，《基于福利多元主义的社区养老供需研究》，《统计与决策》第1期。

王淑卿，2012，《城市社区养老服务研究》，重庆师范大学。

王思斌，2010，《中国社会工作研究》，社会科学文献出版社。

吴重光、夏涛、张贝克，2003，《基于符号定向图(SDG)深层知识模型的定性仿真》，《系统仿真学报》第10期。

向平萍，2014，《社区资源整合与适度普惠型养老服务体系建设——以唐山市为例》，《人民论坛》第5期。

许海燕，2014，《上海市老龄化高峰期机构养老设施需求预测与分析》，复旦大学。

薛梦婷、姜荣荣、徐桂华、孟娣娟、黄安乐、卜子涵、李青云，2021，《老年人衰弱的研究进展》，《中国老年学杂志》第8期。

阎安，2007，《论社区居家养老:中国城市养老模式的新选择》，《科学·经济·社会》第2期。

杨春榕，2004，《现状与出路——我国城市社区居家养老模式探析》，硕士学位论文，吉林大学。

杨可获，2019，《利益相关者视角下社区邻避冲突的成因分析与应对——以社区养老邻避冲突为例》，《市场周刊》第8期。

于建明，2018，《我国居家和社区养老相关政策发展脉络》，《中国民政》第21期。

俞世仲，2011，《兵团农牧团场养老产业问题研究》，《市场论坛》第12期。

张博，2021，《要素市场化配置改革下智慧健康养老服务问题与对策》，《广西社会科学》第12期。

张胆，2011，《我国养老资源的社会配置问题》，《龙岩学院学报》第4期。

张雷，2018，《构建基于社区治理理念的居民自治新体系》，《政治学研究》第1期。

张玮纯，2018，《我国商业保险资金投资养老产业问题研究》，硕士学位论文，内蒙古财经大学。

张晓杰，2016，《医养结合养老创新的逻辑、瓶颈与政策选择》，《西北人口》第1期。

赵东霞，2020，《人口老龄化与养老资源配置》，科学出版社。

赵东霞、韩增林、任启龙、刘万波、裴倩，2018，《市域人口老龄化空间特征与养老资源匹配关系研究——以东北三省为例》，《资源科学》第9期。

赵庆庆、张爱华、杨军、张金花，2017，《社区老年人衰弱的研究进展及对我国老年护理的启示》，《护理研究》第10期。

赵晓芳，2017，《积极老龄化视角下的"医养结合"：英国的经验与启示》，《社会福利》（理论版）第5期。

Albin，B., Siwertsson, C., and Svensson ,J. O. 2016."Informal Care of the Elderly in Sweden – Carers' Situation."*Aotearoa New Zealand Social Work* (23):1–2.

Albin ,B., Siwertsson, C., and Svensson, J. O. 2009. "Situation for Carers of the

Elderly in Sweden."*Studies of Community Welfare* (38): 72–83.

Alexey, Moskalev, Svetlana, Zhikrivetskaya, Mikhail, Shaposhniko, Evgenia, Dobrovolskay,and Roman, Gurinovic.2015."Aging Chart: A Community Resource for Rapid Exploratory Pathway Analysis of Age-related Processes." *Nucleic Acids Research* (44):1.

Annelie, H. 1988. "Innovative Approaches to the Care of the Elderly in Sweden. " *Australian Journal on Ageing* 7(1):16–20.

Anonymous. 2003."USA: American Society on Aging (ASA)."*Gerontechnology* 2(3):1–10.

Aratame，N.2007 . "Aging and Community-Oriented Welfare in Japan : Its Implications to Asian Developing Countries."*Journal of International Development* 6(1): 51–67.

Asher，M. G. and Nandy A. 2010. "Singapore's Policy Responses to Ageing, Inequality and Poverty: An Assessment." *International Social Security Review* 61(1): 41–60.

Askens, L., Campos, J., Aidemark, J.,and Bostrm, M. 2021. "Integrated Care for Elderly Living at Home-A Case Description of IoT and Big Data Possibilities." *International Journal of Integrated Care* 20(3): 30.

Athena, K., Jennifer, H. M., Pamela, M., and Robert, A. 2021."Community Options to Fund Aging Services: A National Study to Track Local Initiatives. " *Innovation in Aging* 5(1): 501.

Bachmann, I. M. 2014. "Aging in Urban Japan-Intergenerational Reading in Tokyo." *Working with Older People* (18):24–29.

Baker, T., Ataker,e D., Minahan, J., Kuofie, A., and Dirth, T. 2017.*Diversity in the Aging Community*. The Praeger Handbook of Mental Heath and the Aging Community.

Becker, G. S. A.1991.*Treatise on the Family*. Harvard University Press.

Wang, Bei, and Dong, Xinqi.2018. The Association between Personality and Loneliness: Findings from a Community-Dwelling Chinese Aging Population. *Gerontology & Geriatric Medicine* (4):1–9.

Beth, F., Caylee, Y., Molly, E., and Pamela, T. 2020. Including Caregivers in the Community Aging in Place, Advancing better Living for Elders Program *Innovation in Aging* 4(1):874.

Boje, T. P., and Ejrns, A. 2011.*Family Policy and Welfare Regimes*. Europeanization, Care and Gender.

Boll, A. M., Ensey ,M. R., Bennett, K. A., O'Leary M. P., Phelan, E. A. 2021. A Feasibility Study of Primary Care Liaisons: Linking Older Adults to Community Resources. *American Journal of Preventive Medicine* 6(6):e305–3312.

Caldock, K.2010.Policy and Practice: Fundamental Contradictions in the Conceptualization of Community Care for Elderly People?. *Health & Social Care in the Community* 2(3): 133–141.

Carlin, L. 2020. "Book Review: Resilience and Ageing: Creativity, Culture and Community." Anthropology & Aging 41(1): 112–113.

Chen, S. 1996.*Social Policy of the Economic State and Community Care in Chinese Culture: Aging, Family, Urban Change and the Socialist Welfare Pluralism*. Social Policy of the Economic State and Community Care in Chinese Culture: Aging, Family, Urban Change and the Socialist Welfare Pluralism.

Chen, X., and Zhou, X. 2017. "Study on the Educational Resource Allocation in State-level New Areas based on Population Development Trend. "*Shanghai Economy* (7):20–32.

Choi, Y. J. 2021. "Understanding Aging in Place: Home and Community Features, Perceived Age-Friendliness of Community, and Intention toward Aging in Place." *The Gerontologist* 62(1):46–55.

Cohen, J. 2019. "Book review: The global Age-Friendly community movement: A critical appraisal." *Anthropology & Aging* 40(2): 82–84.

Debra, M., Sunshine, W., Florence, P., Elijah, M., Nickolas, L., Carey, G., and Mary, W. 2021. "Utilization of Home and Community-based Resources by Family Caregivers in a Native American Community." *Innovation in Aging* 5(1): 354–355.

Deng Q, and Liu W. 2020."Physical Exercise, Social Interaction, Access to Care, and Community Service: Mediators in the Relationship between Socioeconomic Status and Health among Older Patients with Diabetes." *Frontiers in Public Health* (8): 589742.

Dong, B., and Ding, Q. 2009. "Aging in China: A Challenge or an Opportunity?." *Journal of the American Medical Directors Association* 10(7): 456–458.

Elizabeth, M., and Bertera, B. Q. T. E. 2007. "A Study of the Receptivity to Telecare Technology in a Community-based Elderly Minority Population." *Journal of Telemedicine & Telecare* 13(7): 327–332.

Emily, A. G. 2014. "Community Aging Initiatives and Social Capital." *Journal of Applied Gerontology* 33(2):227–250.

Feng, J., Hong, G., Qian, W., Hu, R., and Sh,i G. 2020. Aging in China: An International and Domestic Comparative Study. *Sustainability* 12(2):1–9.

Fields, B., Yanes, C., Enni,S. M., and Toto, P.2021. "Community Aging in Place, Advancing Better Living for Elders (CAPABLE) Program: Understanding the Potential Involvement of Care Partners." *Health & Social Care in the Community* 12(3):1–5.

Fitzgerald, O. R. 1991. "Book Review and Resource: Religion, Aging and Health: A Global Perspective."*Journal of Pastoral Care & Counseling* 45(3): 319–321.

Fukui, S., Otsuki, N., Ikezaki, S., Fukahori, H.,and Irie, S. 2021. "Provision and Related Factors of End-of-Life Care in Elderly Housing with Care Services in Collaboration with Home-Visiting Nurse Agencies: A Nationwide Survey." *BMC Palliative Care* 20(1):151.

Gale, D., and Shapley, S. L. 1962. "College Admissions and the Stability of Marriage." *The American Mathematical Monthly* 1(69): 9–15.

Ganesan, A. R., Munisamy, S., Bhat, R., Seedevi, P., and Matsukawa, S. 2021.*Algal Proteins and Peptides: Current Trends and Future Prospects*. Recent Advances in Micro and Macroalgal Processing.

Gomes ,F. A., Lopes, D. G., Cunha, I., Duarte, S., and Esteves, H. 2020. "Do Long-term Care Services Meet the Minimal Requirements for the Elderly?." *The European Journal of Public Health* 30(5):166–692.

Graham, R., Habib, C.,and Gan, D.2021."At-Homeness: Rethinking Personhood-in-Community through the Lens of Social Identity." *Innovation in Aging* 5(1):394.

Gruber, E. M., Zeiser, S., Schrder, D., and Büscher, A. 2021. "Workforce issues in home‐ and community‐based long‐term care in Germany." *Health & Social Care in the Community* 29(3):764–755.

Grol, S., Gerard Molleman, Nanne van Heumen, Maria van den Muijsenbergh, Nynke Scherpbier-de Hann, and Henk Schers. 2021. "General Practitioners' Views on the Influence of Long-term Care Reforms on Integrated Elderly Care in the Netherlands: A Qualitative Interview Study. "*Health Policy* 125(7): 930–940.

Hamilton, I. P., Li, B., Xin, Y., and Li, L. 2011.*Moving forward with Health Promotion & Active Ageing in HongKong: Alignments of Policy Trends in Asia and the Pacific*. United Nation Economic and Social Commission For Asia and the Pacific.

Harper, S.2006 ."Ageing Repositioned: Singapore in the New Global Demography. " *Ethos* (1): 24–27.

He, A. J., and Tang, V. 2021. "Integration of Health Services for the Elderly in

Asia: A Scoping Review of Hong Kong, Singapore, Malaysia, Indonesia-ScienceDirect."*Health Policy* 125(3):351–362.

Higgins, J. , and Joan. 1980. "Social Control Theories of Social Policy." *Journal of Social Policy* 9(1): 1–23.

Hirth, V., Baskins, J. and Dever-Bumba M. 2009. "Program of All-inclusive Care (PACE): Past, Present, and Future." *Journal of the American Medical Directors Association* 10(3): 155–160.

Hou, S. I. 2021. "Housing Models Promoting Aging in Community-A Brief Report on Key Lessons Learned." *Gerontology and Geriatric Medicine* 7(3): 1–16.

Hu, X., Wei, Y., and Tang, J. 2020."Design Strategy of Friendly and Healthy Environment for Urban Aging Community."*IOP Conference Series: Earth and Environmental Science* 598(1): 12044–12046.

Hungerford, and Thomas L. 2003. "Is There an American Way of Aging?. "*Acoustics, Speech, and Signal Processing Newsletter, IEEE* 25(5): 435–455.

Hwang, M. J. 2020. "Welfare of the Aged and Community Care in an Aging Society."*Journal of Public Society* 10(2): 5–28.

Imaiso, J. 2021. "Evaluation Items for Community-based Health Care Focusing on Social Aspects: A Literature Review." *Health* 13(12): 8.

Jackson, M., and Hood, C.1992. *The New Public Management*. Hazard Management and Emergency Planning.

Jacob, I., Mahmood, F., Brown, L., Heaven, A., Mahmood, S.,and Clegg, A. 2020. "Recruiting Older People from the Pakistani Community in Community Ageing Research 75."*British Journal of Community Nursing* 25(3):1–8.

Jenson, Jane, Saint-Martin, Denis.2003. "New Routes to Social Cohesion? Citizenship and the Social Investment State." *Canadian Journal of Sociology* 28(1):2.

Jiao, H.X.2012. "Home Care Service for Elderly in Shanghai Community: Status,

Problems and Countermeasures." *Journal of Social Work* 1(5):24–26.

Jie-Hua, L. U., Miao, Q. X., Yi-Feng, L. U., and Sociology, D. O. 2014."University P. Rethink of the Community-based Pension Mode in China from the Biopolitics Perspective." *Scientific Research on Aging* 24(10):29–35.

Kan,W.S, and Chui,E. 2021. "Vouchers and Consumer-Directed Care: Implications for Community Care Services in HongKong." *The British Journal of Social Work* 51(1):1.

Karnick, C., Gangai, N., Muiz, R. C., Manna, R., and Korc-Grodzicki, B. 2019. "Education for the Diverse Aging Community, Caregivers, and Their Healthcare Providers." *The American Journal of Occupational Therapy.: Official Publication of the American Occupational Therapy Association* 73(4).

Kholostov, E. 2020. "Frailty and Social Support: The Care Services Response to Aging in Russia." *European Journal of Public Health* (5): 5.

Kincade, J .E., Rabiner, D. J., Bernard, S. L. 1996. Woomert ,A., Konrad, T. R., Defriese, G. H., and Ory, M. G. "Older Adults as a Community Resource: Results from the National Survey of Self-Care and Aging." *The Gerontologist* 36(4): 474–482.

Krothe, J. S. 2010. "Giving Voice to Elderly People: Community-based Long-term Care."*Public Health Nursing* 14(4): 217–226.

Kudo, S. 2020.Framing in Placemaking when Envisioning a Sustainable Rural Community in the Time of Aging and Shrinking Societies in Japan. *Framing in Sustainability Science.*

Lane, J. E. 1998. *New Public Management.* Springer New York, pp.234–240.

Lee, J. 2005. "The Role and Issue of Community Aging Care Service and Religious Social Welfare System in Korea. "*Journal of Public Welfare Administration* 15(2).

Lewis, P. M., Rose, R.,and Shiratori, R. 1988. "The Welfare State East and West. "

The Journal of Asian Studies 47(2): 382.

Liat, and Ayalon. 2014. "Perceptions of Old Age and Aging in the Continuing Care Retirement Community." *International Psychogeriatrics* 27(4):2.

Lim,J.Y., Kim,G.M.,Kim,E.J.,Choi,K.W.,and Kim,S.S. 2013. "The Effects of Community-based Visiting Care on the Quality of Life."*Western Journal of Nursing Research* 35(10): 1280–1291.

Liu, Tianyang, Hao, Xiaoning, and Zhang, Zhenzhong. 2016. "Identifying Community Healthcare Supports for the Elderly and the Factors Affecting Their Aging Care Model Preference: Evidence from Three Districts of Beijing." *BMC Health Services Research* (16):57.

Lixiong, Y. 2019.*Community-based Elderly Care in Beijing: Status and Prospects.* Analysis of the Development of Beijing.

Luggen, A. S., and Rini, A. G. 1995. "Assessment of Social Networks and Isolation in Community-based Elderly Men and Women." *Geriatric Nursing* 16(4): 179–181.

Marcusroberts. 2014. "Population Ageing Affects HongKong." *Lifeissues Net*(2):17.

Mastronardi,L., Giagnacovo,M.,and Romagnoli,L. 2020."Bridging Regional Gaps: Community-based Cooperatives as a Tool for Italian Inner Areas Resilience." *Land Use Policy* 99.

Mitchell, J., Mathews, H. F., and Griffin, L .W. 2016. "Health and Community-based Service Use." *Research on Aging* (1):2.

Montgomery, R., Borgatta, E. F., and Borgatta, M. L. 2000.*Societal and Family Change in the Burden of Care. Who Should Care For The Elderly?*An East–West Value Divide.

Muramatsu, N., and Akiyama, H. 2011. "Japan: Super-aging Society Preparing for the Future." *The Gerontologist* 51(4):1–7.

Neumann, L.2017. "The Role of Community Support for Healthy Aging: A Study with Low-income Community-dwelling Seniors in Brazil." *Pastoral Pessoa Idosa* (1):1–2.

Nystrom, N. M., and Jones, T. C. 2003. "Community Building with Aging and Old Lesbians. "*American Journal of Community Psychology* 31(3–4): 293–300.

Oldani, Phd, Ms, and Michael, J. 2019. "Advancing Senior Care and Aging in Place through Collaborative In-Home Visits: A Novel Community-University Partnership." *Collaborative Healthcare: Interprofessional Practice, Education and Evaluation* (JCIPE), 10(1): 2.

Olive, and Stevenson. 2016. "The Community Care of Frail Elderly People: Cooperation in Health and Social Care." *British Journal of Occupational Therapy* 48(11):7.

Onaging, N. C., 1982. "Comprehensive Service Delivery through Senior Centers and other Community Focal Points: A Resource Manual." National Council On the Aging, Inc. Publications, Department 5087, Washington, DC 20061–5087 (Order No. 272–ER: $20.00 Plus $2.00 Shipping and Handling). (2):1–10.

Parker, and M. G., and Thorslund, M. 1991. "The Use of Technical Aids among Community-Based Elderly." *American Journal of Occupational Therapy Official Publication of the American Occupational Therapy Association* 45(8): 712–718.

Perry, and Karen. 2017. "Impact of Social Activities on Healthy Aging in Community-Dwelling Adults." *OUR Journal: ODU Undergraduate Research Journal* 4(1): 10.

Ping, X., and Library, J. U. A . 2017."Statistical Analysis of Literature on the Research of Information Resource Allocation in China from 1994–2016." *Library and Information Studies* (1):1–3.

Rachel, W. 2021. "There is no Community Here: Living Alone, Place, and Older Peoples' Risk of Social Isolation." *Innovation in Aging* (5): 1.

Roberts, L., Samuel, L., Boyce, D., H.,ladek, M., S.,and Zanton, S. 2020. "The Home, Block, and Community Environments and Biomarkers of Aging in the National Health and Aging Trends Study." *Innovation in Aging* (4):57.

Sainer ,J. S., and Zander, M. L. 1971. "Serve: Older Volunteers in Community Service. A New Role and a New Resource." *Attitudes* (1):330–338.

Scott ,T. L., Masser, B. M., and Pachana, N. A. 2020." Positive Aging Benefits of Home and Community Gardening Activities: Older Adults Report Enhanced Self-esteem, Productive Endeavours, Social Engagement and Exercise." *SAGE Open Medicine* (8):1–8.

Seah，B., and Wang, W. 2021. *Shape: A Healthy Aging Community Project Designed based on the Salutogenic Theory.* Health Promotion in Health Care – Vital Theories and Research.

Shelton, P .S., Mozingo, D .B., Avissar, P. S., Karg, M., Charboneau, A .L.,and Rich. W. 2012. "Measuring Adherence in a Community-based Elderly Population." *Consultant Pharmacist the Journal of the American Society of Consultant Pharmacists* 27(11): 771–781.

Skolnick, A. S., and Skolnick, J .H.1994. *Family in Transition.* Family in Transition.

Smith, D. J. 1981. "Channeling a Community's Aging Resources."*Community Health Services* (1): 33.

Smith, R. 1984. "Components of Welfare: Voluntary Organisations, Social Services and Politics in Two Local Authorities (Book)." *Sociology of Health & Illness* 6(2): 244–245.

Snell, M. C. 1985. "Community Care for the Elderly: Costs and Dependency." *Social Ence & Medicine* 20(12): 1313–1318.

Stancliffe, R. J., Nye-Lengerman, K. M., and Kramme, J. 2019. "Aging, Community-based Employment, Mobility Impairment, and Retirement: National Core Indicators–Adult Consumer Survey Data." *Research and*

Practice for Persons with Severe Disabilities 44(4): 251–266.

Stine-Morrow, E.,and Miller, L. S.2002. *Discourse Processing and Aging: Resource Allocation as a Limiting Factor*. Discourse Processing and Aging: Resource Allocation As a Limiting Factor.

Stoller, E. P., and Pugliesi, K. L. 1988. "Informal Networks of Community-based Elderly: Changes in Composition over Time." *Res Aging* 10(4): 499–516.

Stuart, M., and Weinrich, M. 2001. "Home and Community-based Long-term Care: Lessons from Denmark." *Gerontologist* 41(4): 474–480.

Suen, J. A. 2020. "Multiple Stakeholder Perspective for Evaluating Community-based Dementia Care." *Innovation in Aging* 4(1):60–61.

Sumini, Sukamdi, Pangaribowo, E. H., Keban, Y. T., and Darwin M. 2020. "Elderly Care: A Study on Community Care Services in Sleman, DIY, Indonesia." *Journal of Aging Research* (1): 1–11.

Sundström, Gerdt, and ersson, Lars.1996. The Social Networks of Elderly People in Sweden (1):1.

Takahashi, K., and Tsukishima, E. 2021. "Changes in Trends of Diseases Requiring Long-term Care in an Aging Community."(Nippon Kōshū Eisei Zasshi) *Japanese Journal of Public Health* 68(3):20–81.

Takashi, A., and Megumi, I. 2021. "East Meets West: Home and Community based Care to Enhance Aging in Place." *Innovation in Aging* (5): 1483.

Tanaka, K. 2002. "Community Support for Healthy Aging." *Addiction* 93(3): 411–421.

Tasoulas, Z. G., Guss R, and Anagnostopoulos, I. 2018. "Performance-based and Aging-aware Resource Allocation for Concurrent GPU Applications." 2018 IEEE International Symposium on Defect and Fault Tolerance in VLSI and Nanotechnology Systems (DFT). IEEE.

Taylor-Gooby, P., and Johnson, N. 1987. "The Welfare State in Transition: The

Theory and Practice of Welfare Pluralism." *British Journal of Sociology* 40(1): 150.

Teater, B., and Chonody, J. 2021. "Reconsidering How Successful Aging is Defined: Perspectives from Community-Dwelling Aging Adults." *Advances in Social Work* 20(3): 694-708.

Thom, J .M., Nelis ,S. M., Cooney, J. K., Hindle, J. V., and Clare, L. 2020. "Promotion of Healthy Aging within a Community Center through Behavior Change: Health and Fitness Findings from the Age Well Pilot Randomized Controlled Trial." *Journal of Aging and Physical Activity* 29(1): 1–9.

Thorsell, K., Nordström, B. M., Nyberg, P., and Sivberg, B. V. 2006. "Can Care of Elderly be Measured? A Method for Estimating the Individual Care of Recipients in Community Health Care. "*BMC Geriatrics* 6(1): 14.

Toto, P., Fields, B., and Yanes, C. 2021. "Engaging Stakeholders to Implement the Community Aging in Place, Advancing Better Living for Elders (CAPABLE) Program in a Local Area Agency on Aging. "*American Journal of Occupational Therapy* 75(2):399.

Tseng, H. T. , Huang, H. H. , and Hsieh, C. C . 2020."Active Aging AI Community Care Ecosystem Design." International Conference on Human-Computer Interaction. Springer, Cham.

Vaccaro, I.2020."Global Perspectives on Long Term Community Resource Management." *Human Ecology* 48(2): 251–252.

Vivarakanon, P. 2021. "Perspectives of Self-Care Experiences of Aging Individuals Living Independently: A Focused Ethnography in the Community Setting." *Global Journal of Health Science* 13(6):81.

Walker, A. 2000.*Sharing Long-term Care between the Family and the State — A European Perspective*. Who Should Care for the Elderly?

Wang, C. H. 2012. "The Exploration and Inspiration of Community-based Aging

Pattern in USA. ”*Modern Urban Research* 27(8):35–44.

Wang, X. B . 2019.“Research on Community Elderly Care Service in China.” Proceedings of the 5th Annual International Conference on Management, Economics and Social Development (ICMESD 2019).

Ware, T., Matosevic, T., Hardy, B., Knapp, M., Kendall, J.,and Forder, J.2003. “Commissioning Care Services for Older People in England: The View from Care Managers, Users and Carers.” *Ageing & Society* 23(4): 411–428.

Weech-Maldonado, R. 2020. “Bridging the Gap in Quality among High Medicaid Nursing Homes: The Role of Management and Community Factors.” *Innovation in Aging* (4):1.

Weel, C. V.2000. “Longevity, Aging and the Demand of Primary Care.” *Longevity and Quality of Life* (22):161–169.

Wong, E., Lau, J., Yeoh, E. K. 2018. “Thinking Intergenerationally: Intergenerational Solidarity, Health and Active Aging in HongKong: Policy.” *Journal of Intergenerational Relationships* 16(4): 478–492.

Woo, J. 2013.*Aging in HongKong : A Comparative Perspective.* Aging in HongKong : A Comparative Perspective.

Wood, J. B., and Estes, C. L. 1990. “The Impact of DRGs on Community-based Service Providers: Implications for the Elderly. ”*American Journal of Public Health* 80(7): 840–843.

Wyatt-Brown, A. M. 2017. *On Not Being Invisible Life in a Continuing Care Retirement Community: Aging, Disability, and Long-Term Residential Care.* Care Home Stories.

Xiaoyi, H., Hu, X., Wei, Y., and Tang, J. 2020. “Design Strategy of Friendly and Healthy Environment for Urban Aging Community.” *IOP Conference Series: Earth and Environmental Science* 598(1):12–44.

Yang, Z., Jiang, Y., Wang, M., and Zeng, H. 2020. “Current Status and Challenges of Community-based Elderly Care Centers in Chongqing, China: A Cross-Sectional Study." *Risk Management and Healthcare Policy* (13): 2975–2983.

Yu, H., Matsumoto, M., Okita, M., Inoue, K., and Hayashi, T.2016."The first Japanese trial of the community-based integrated care system in a rural area." *International Journal of Integrated Care* 16(6): 88.

Zheng, H., Li, Y., and Li, Y. 2019."The Mechanism of Introducing Community Currency to Mutual Pension Time Savings:Financial Innovation to Deal with Population Aging." *Journal of Finance and Economics* (5):6.

Zhou, M., Zhang, Z., and Li, Y. 2018. "Community Pension Service Design in Information Integration Perspective." *Design* (23):52–54.

附录一

深圳市老年人现状与服务需求调查问卷

问卷编码：_____ID001/

深圳市老年人现状与服务需求调查问卷

尊敬的老年朋友：

您好！为了解我市老年人生活状况和服务需求，全面建设"老有颐养"民生幸福标杆城市，特开展此次问卷调查。您所填写的内容仅用于决策分析，所有信息将严格保密，请您放心据实填写，衷心感谢您的支持和配合！

Z部分　个人信息

Z1.身份证号码：_____

Z2.居住地址：_____区_____街道_____社区

A部分　基本情况

A1.您的性别是_____。（单选题）

①男　　②女

A2.您的出生年月：_____年_____月

A3.您的户籍是？_____（单选题）

①深圳户籍（跳至A4题）　　②非深圳户籍

A3-1.户籍所在地：_____省

A4.您在深圳居住了多少年？_____年（请填写数字，不满一年按一年算）

A5.您因何原因在深圳居住？（单选题）

①土生土长　　　②因工作来深　　　③因家人来深

④来深旅居　　　⑤其他原因（请注明）：_____

A6.您的受教育程度：_____（单选题）

①小学及以下　　②初中　　③高中/中专　　④大学及以上

A7.您退休前的单位性质是_____。（单选题）

①党政机关　　②事业单位　　③国有企业　　④集体/民营/私营企业

⑤个体户　　⑥无工作单位　　⑦其他（请注明）：_____

【仅A7题选①、②、③选项的回答】

A8.您退休前的干部级别是_____（单选题）

①厅局级及以上　　②处级　　③科级　　④无干部级别

A9.您目前的经济来源是_____。（多选题）

①退休/养老金　　②子女赡养费　　③投资或储蓄所得

④劳动所得　　　⑤房屋/土地等租赁收入

⑥政府或集体补贴资助

⑦其他收入（请注明）：_____

⑧无经济来源（勿重复选其他选项）

A10.过去一年，您个人每月的平均收入约为多少？（单选题）

①2000元及以下　　②2001～4000元　　③4001～6000元

④6001～8000元　　⑤8001～10000元　　⑥10001～20000元

⑦20001～30000元　　⑧30000元以上

B部分　家庭情况

B1.您目前的婚姻状况是_____。（单选题）

①已婚/同居　　②离异　　③丧偶　　④未婚

B2.您目前与子女居住的距离？（多个子女的，考虑距离最近的）（单选题）

①一起居住　　②同城分开居住　　③子女在省内其他城市（含港澳）

④子女在省外　　⑤子女在国外　　⑥无子女（跳至B4题）

B3.您现有几个子女？＿＿＿＿＿个（请填写数字）

B4.除子女外，您当前主要和谁住在一起？（多选题）

①独居（勿重复选其他选项）　　②配偶　　③子女配偶

④（外）孙子女　　⑤（岳）父母　　⑥保姆/护工　　⑦其他（请注明）：＿＿＿＿

B5.当前白天主要由谁照顾您？（单选题）

①自己照顾　　②配偶　　③儿子　　④女儿　　⑤子女配偶

⑥（外）孙子女　　⑦保姆/护工　　⑧其他（请说明）

B6.当前晚上主要由谁照顾您？（单选题）

①自己照顾　　②配偶　　③儿子　　④女儿　　⑤子女配偶

⑥（外）孙子女　　⑦保姆/护工　　⑧其他（请说明）

B7.需要您长期照顾的家庭成员有＿＿＿＿＿。（多选题）

①（岳）父母　　②配偶　　③成年子女　　④（外）孙子女

⑤其他（请说明）：＿＿＿＿＿＿　　⑥没有（勿重复选其他选项）

C部分　健康状况

C1.您认为自己的身体健康状况如何？（单选题）

①	②	③	④	⑤
非常好	比较好	一般	比较不好	非常不好

C2.您患有以下哪些经医生确诊过的慢性疾病？（多选题）

①高血压病　　②高血脂　　③糖尿病或血糖升高

④慢性肺部疾患（如慢阻肺、气管炎、肺气肿）

⑤心血管疾病（如心肌梗死、冠心病等）　　⑥脑血管疾病（如脑卒中）

⑦胃部疾病或消化系统疾病 ⑧肾脏、肝脏疾病

⑨骨关节病（关节炎、风湿病等） ⑩癌症等恶性肿瘤

⑪认知障碍症（老年痴呆） ⑫失聪、听力衰弱 ⑬青光眼/白内障

⑭其他（请说明）_____ ⑮无慢性疾病

C3.近3个月，您平均每月自费的医疗费用（非医保报销）约多少元？（单选题）

①500元及以下 ②501~1000元 ③1001~2000元

④2001~3000元 ⑤3000元以上 ⑥无医疗支出

C4.近3个月，您接受医生诊疗的次数是多少次？_____次

C5.您是否签约了家庭医生服务？ ①有 ②没有（跳至C6）

C5-1.您享受过哪些家庭医生签约服务项目？

①健康检查服务 ②健康教育服务 ③预约和优先看诊服务

④签约转诊服务 ⑤家庭病床服务 ⑥健康咨询服务

⑦年度健康体检 ⑧专项健康指导 ⑨其他（请说明）

C6.您是否同意以下说法？

行为表现	是	否
1.过去四个星期经常感到疲倦	1	0
2.若没有中途休息或助行用品协助，步行上十级楼梯，会感到困难	1	0
3.在没有助行用品协助下，步行约5分钟，会感到困难	1	0
4.已知患有5种或以上疾病	1	0
5.在过去一个月内减轻了5%及以上的体重	1	0

C7.您能独立完成以下事项吗？

	不费力	有些困难	做不了
1.吃饭	3	2	1
2.穿衣	3	2	1
3.上下床	3	2	1

	不费力	有些困难	做不了
4.上厕所	3	2	1
5.室内走动	3	2	1
6.洗澡	3	2	1

D部分　服务需求

D1.您在深期间是否接受过居家社区养老服务？

①是　　②否（跳至D3题）

D2.您接受过以下哪些居家社区养老服务？（多选题）

①健康管理和指导　　②康复护理　　③长者助餐　　④上门巡访

⑤日间托管　　⑥家庭适老化改造　　⑦老年生活辅具租赁

⑧智能手机培训　　⑨家庭照护知识培训　　⑩心理疏导

⑪养老咨询（政策、服务等）　　⑫权益保障（法律援助等）

⑬其他（请说明）

D2-1您对接受过的居家社区养老服务满意度评价是：_____（单选题）

①非常满意（跳至D3）　　②比较满意（跳至D3）

③一般（跳至D3）　　④比较不满意　　⑤很不满意

D2-2您对接受过的养老服务不满意的主要原因在于：_____（多选题）

①服务内容不丰富　　②服务设备不完备　　③服务价格偏高

④服务人员不专业　　⑤服务人员态度不好　　⑥服务宣传不到位

⑦服务获取不便利　　⑧其他（请说明）

D3.就目前状况而言，您对以下居家社区养老服务项目的需求程度如何？

（共15个项目，请逐题勾选对应选项）

服务项目	需要程度				
	非常需要	需要	一般	不需要	非常不需要
1.健康管理和指导	5	4	3	2	1

续表

服务项目	需要程度				
	非常需要	需要	一般	不需要	非常不需要
2.康复护理	5	4	3	2	1
3.长者助餐	5	4	3	2	1
4.长者助浴	5	4	3	2	1
5.上门巡访	5	4	3	2	1
6.日间托管	5	4	3	2	1
7.喘息服务（老年人短期托管）	5	4	3	2	1
8.家庭养老床位（在家接受类似养老机构的照护服务）	5	4	3	2	1
9.家庭适老化改造（加装提示灯、扶手、防滑垫等）	5	4	3	2	1
10.老年生活辅具租赁（如轮椅、护理床等）	5	4	3	2	1
11.智能手机培训	5	4	3	2	1
12.家庭照护知识培训	5	4	3	2	1
13.心理疏导	5	4	3	2	1
14.养老咨询（政策、服务咨询）	5	4	3	2	1
15.权益保障（维权等）	5	4	3	2	1

D4.您享受过以下哪些深圳市老年人福利优待政策？（多选题）

①高龄老人津贴　　②居家养老服务补助　　③居家适老化改造补助

④独生子女补助津贴　　⑤老残一体补贴　　⑥长者饭堂就餐补贴

⑦免费健康体检　　⑧免费接种疫苗

⑨进公园、乘车、看病等优惠减免

⑩其他（请说明）_____　　⑪都没有（勿重复选其他选项）

D5.您所居住社区有以下哪些无障碍出行设计？（多选题）

①无障碍电梯（高低按钮）　　②轮椅通行坡道　　③加装扶手

④盲道　　⑤公厕无障碍改造　　⑥无障碍车位

⑦无障碍标记设置（文字、语音、震动、亮灯提示等）

⑧其他（请说明）_____　　⑨都没有（勿重复选其他选项）

D6.您日常使用以下哪些设备?(多选题)

①老人机(按键)　　②智能手机(触屏)　　③平板/电脑

④智能手环或手表　　⑤智能生活辅具(如移动、监测设备)

⑥其他(请说明)＿＿＿＿＿＿　　⑦都不使用(勿重复选其他选项)

D7.如果您生活自理能力下降需要持续照顾,您会选择在哪里生活?(单选题)

①深圳市　　　　　②原户籍地　　　　　③深圳周边城市

④康养度假型城市(如巴马、三亚等)　　⑤其他(请说明)＿＿＿＿＿＿

D8.如果您生活自理能力下降需要持续照顾,您倾向于在哪里接受照料服务?(单选题)

①自己家里(可使用改造后的家庭养老床位)

②社区长者服务站(可白天托管,晚上回家)

③街道长者综合服务中心(嵌入型小型养老院,可短期托养)

④养老机构(可长期托养)

⑤其他(请说明)＿＿＿＿＿＿＿＿

D9.如果使用居家社区的养老服务,您每月能够支付的费用是多少?(单选题)

①500元及以下　　②501～1000元　　③1001～2000元

④2001～3000元　　⑤3001～4000元　　⑥4000元以上

D10.如果入住养老院,您每月能够支付的费用是多少?(单选题)

①2000元及以下　　②2001～4000元　　③4001～6000元

④6001～8000元　　⑤8001～10000元　　⑥10001～20000元

⑦20001～30000元　　⑧30000元以上

D11.总体而言,您对深圳敬老爱老氛围评价如何?(单选题)

①	②	③	④	⑤
非常满意	比较满意	一般	比较不满意	非常不满意

D12.整体而言，您认为自己生活幸福吗？（单选题）

①	②	③	④	⑤
非常幸福	比较幸福	一般	比较不幸福	非常不幸福

E部分　学习需求

E1.您现在的学习状态怎么样？（单选题）

①每天学习　　②经常学习　　③偶尔学习　　④根本不学习（跳转至E7）

E2.您学习的主要方式有哪些？（多选题）

①老年大学课堂面授　　　　②线上教学（直播、微课视频、线上互动等）

③参与社区老年学习活动　　④参与公共文体场所学习活动

⑤在家自学　　⑥老年游学活动　　⑦其他（请说明）＿＿＿＿＿＿＿＿

E3.您的学习频率怎么样？（单选题）

①每周学习1~2天　　②每周学习3~4天　　③每周学习5天及以上

E4.您希望学习以下哪些方面的内容？（多选题）

①文化艺术类（文学、书画、乐器、声乐等）

②体育舞蹈类（太极、瑜伽、舞蹈等）

③养生保健类（中医养生、保健康复等）

④生活美学类（插花、摄影、模特、手工等）

⑤金融法律类（投资理财、防金融诈骗、维权等）

⑥信息技术类（智能手机应用、图像处理等）

⑦时政历史类（时事热点、国内外史等）

⑧心理调适类（心理知识、心态调节等）

⑨其他（请说明）＿＿＿＿＿＿＿＿＿＿＿

E5.您希望通过学习达到什么目的？（多选题）

①培养兴趣爱好　　　　　　②掌握专业知识，提升专业技能

③取得更高学历认证或技能认证资格

④有机会参与社会公共活动　　⑤有利于晚年再就业（获得收入来源）

⑥结交朋友，保持身心健康　　⑦其他＿＿＿＿＿＿＿＿＿＿＿＿（请说明）

E6.您每年投入学习的费用约为？（单选题）

①100元及以下　　②101～200元　　③201～400元　　④401～600元

⑤601～800元　　　⑥800元以上

E7.您接下来是否愿意（继续）参与老年大学的学习？（单选题）

①愿意　　②不愿意

E8.总体而言，您对深圳老年学习氛围的评价如何？（单选题）

①非常好　　②比较好　　③一般　　④比较差　　⑤非常差

问卷填答完毕，再次感谢您的参与，祝您生活愉快！

附录二

城市社区养老服务资源优化配置
理论模型专家论证表

一　专家基本信息

1.基本情况

姓名：_____　　性别：_____　　年龄：_____岁

学历：_____　　专业：_____　　本岗位工作年限：_____年

职务：_____　　职称：_____

2.您对城市社区养老服务资源配置的熟悉程度自评：_____分（1～10分）

3.您对各个主要维度和子维度的评分依据和影响程度：

评价依据	对专家判断的影响程度		
	大	中	小
理论分析			
实践经验			
参考国内学者的论著			
参考国外学者的论著			
对国内外同类活动的了解			
直觉			

　　注：请概括您对指标的评价依据和影响程度，选择表中所列有关因素对您的评判结果的影响大小，在相应的空格处打上"√"（每一行中必须打一个勾）。

二 专家论证

请您根据自己的实践经验、理论研究和对城市社区养老服务资源优化配置的理解，对概念模型各个维度及其子维度三大属性进行Likert 5分级打分。其中，5分表示等级最高，1分表示等级最低。同时，请您对每个维度和子维度的支持度进行1~100分的等级打分。

表1 "城市社区养老资源优化配置理论概念模型"各维度专家论证

项目	维度	属性（1~5分）			支持度（1~100分）	备注
		科学性	重要性	可操作性		
城市社区养老资源优化配置理论概念模型	城市社区资源配置主体					
	城市社区资源配置客体					
	城市社区资源优化配置标准					
	城市社区资源优化配置目标					
	城市社区资源优化配置保障					

表2 "城市社区养老资源优化配置理论概念模型"各子维度专家论证

项目	维度	子维度	属性（1~5分）			支持度（1~100分）	备注
			科学性	重要性	可操作性		
城市社区养老资源优化配置理论概念模型	城市社区资源配置主体	政府					
		市场					
	城市社区资源配置客体	人力资源					
		财力资源					
		物力资源					
		信息化资源					
	城市社区资源优化配置标准	按人口特征和政策配置养老服务设施					
		按老年人社区养老服务需求配置服务内容					

续表

项目	维度	子维度	属性（1～5分）			支持度（1～100分）	备注
			科学性	重要性	可操作性		
城市社区养老资源优化配置理论概念模型	城市社区资源优化配置目标	需求方					
		管理方					
		供给方					
	城市社区资源优化配置保障	政策保障					
		组织保障					
		教育保障					
		社会保障					
		研究保障					
		产业保障					
		环境保障					

图书在版编目（CIP）数据

城市社区养老服务资源优化配置 / 倪赤丹著 . -- 北
京：社会科学文献出版社，2024.6（2025.9 重印）
ISBN 978-7-5228-3211-1

Ⅰ.①城…　Ⅱ.①倪…　Ⅲ.①城市－养老－社会服务
－资源配置－研究－中国　Ⅳ.①D669.6

中国国家版本馆 CIP 数据核字（2024）第 023710 号

城市社区养老服务资源优化配置

著　　者 / 倪赤丹

出 版 人 / 冀祥德
责任编辑 / 胡庆英
文稿编辑 / 杨　莉
责任印制 / 岳　阳

出　　版 / 社会科学文献出版社 · 群学分社（010）59367002
　　　　　地址：北京市北三环中路甲 29 号院华龙大厦　邮编：100029
　　　　　网址：www.ssap.com.cn
发　　行 / 社会科学文献出版社（010）59367028
印　　装 / 河北虎彩印刷有限公司

规　　格 / 开本：787mm × 1092mm　1/16
　　　　　印张：13.25　字数：194 千字
版　　次 / 2024 年 6 月第 1 版　2025 年 9 月第 3 次印刷
书　　号 / ISBN 978-7-5228-3211-1
定　　价 / 89.00 元

读者服务电话：4008918866